AF540359

किशन पटनायक

जन्म : 30 जून, 1930; कालाहांडी, ओडिशा।

किशन पटनायक युवावस्था से ही समाजवादी आन्दोलन के पूर्णकालिक कार्यकर्ता बन गए थे। वे *समाजवादी युवजन सभा* के राष्ट्रीय अध्यक्ष रहे और केवल 32 वर्ष की आयु में 1962 में सम्बलपुर से लोकसभा के सदस्य चुने गए। समाजवादी आन्दोलन के दिग्भ्रमित और अवसरवादी होने पर 1969 में दल से अलग हुए, 1972 में *लोहिया विचार मंच* की स्थापना से जुड़े और बिहार आन्दोलन में सक्रिय भूमिका निभाई। इमरजेन्सी में और उससे पहले सात-आठ बार जेल में बन्दी रहे। मुख्यधारा की राजनीति का एक सार्थक विकल्प बनाने के प्रयास में 1980 में *समता संगठन*, 1990 में *जनान्दोलन समन्वय समिति*, 1995 में *समाजवादी जन परिषद* और 1997 में जनान्दोलनों के राष्ट्रीय समन्वय की स्थापना से जुड़े।

राजनीति के अलावा साहित्य और दर्शन में दिलचस्पी रखनेवाले किशन पटनायक ने ओड़िया, हिन्दी और अँगरेजी में अपना लेखन किया है। साठ के दशक में डॉ. रामनोहर लोहिया के साथ अँगरेजी पत्रिका *मैनकाइंड* के सम्पादक-मंडल में काम किया और उनकी मृत्यु के बाद जब तक *मैनकाइंड* का प्रकाशन होता रहा, उसके सम्पादक रहे। इस दौरान प्रसिद्ध हिन्दी पत्रिका *कल्पना* में राजनैतिक- सामाजिक विषयों और साहित्य पर लेखन के साथ-साथ एक लम्बी कविता भी प्रकाशित की। उनके लेख *मैनकाइंड, जन, धर्मयुग, रविवार, सेमिनार* और अखबारों तथा पत्रिकाओं में निरन्तर छपते रहे। सन् 1977 से लगातार निकल रही मासिक हिन्दी पत्रिका *सामयिक वार्ता* के मृत्युपर्यन्त प्रधान सम्पादक रहे।

प्रकाशित कृतियाँ : *विकल्पहीन नहीं है दुनिया : सभ्यता, समाज और बुद्धिजीवी की स्थिति पर कुछ विचार; भारतीय राजनीति पर एक दृष्टि : गतिरोध, सम्भावना और चुनौतियाँ; किसान आन्दोलन : दशा और दिशा* आदि।

निधन : 27 सितम्बर, 2004

किसान आन्दोलन : दशा और दिशा

किशन पटनायक

सम्पादक

सुनील

राजकमल पेपरबैक्स

राजकमल पेपरबैक्स में
पहला संस्करण : 2006
तीसरा संस्करण : 2021
दूसरी आवृत्ति : 2024

© सामयिक वार्ता, वाणी मंजरी दास

राजकमल पेपरबैक्स : उत्कृष्ट साहित्य के जनसुलभ संस्करण

राजकमल प्रकाशन प्रा.लि.
1-बी, नेताजी सुभाष मार्ग, दरियागंज
नई दिल्ली-110 002
द्वारा प्रकाशित

शाखाएँ : अशोक राजपथ, साइंस कॉलेज के सामने, पटना-800 006
पहली मंजिल, दरबारी बिल्डिंग, महात्मा गांधी मार्ग, प्रयागराज-211 001
1, अनमोल सोराबजी संतुक लेन, धोबी तलाव, मरीन लाइंस, मुम्बई-400 002

वेबसाइट : www.rajkamalprakashan.com
ई-मेल : info@rajkamalprakashan.com

राजकमल प्रेस
नई दिल्ली-110 002
द्वारा मुद्रित

मूल्य : ₹199

KISAN AANDOLAN : DASHA AUR DISHA
by Kishan Patnayak

ISBN : 978-81-267-1713-2

भूमिका

मानव-समाज में खेती का स्थान तीन कारणों से महत्त्वपूर्ण रहा है, रहेगा। (1) पहला कारण वह है जो अधिकांशतः चर्चा में आता है। तमाम औद्योगिकीकरण और विकास के बावजूद आज भी मानव जाति का बहुत बड़ा हिस्सा गाँवों में रहता है और अपनी जीविका के लिए खेती, पशुपालन आदि पर आश्रित है। भारत समेत दुनिया के अनेक देशों में आज भी रोजगार का सबसे बड़ा स्रोत खेती एवं पशुपालन ही है। किन्तु खेती का महत्त्व महज इस सांख्यिकीय कारण से ही नहीं है। दो और ज्यादा महत्त्वपूर्ण एवं बुनियादी कारण हैं। (2) दूसरा कारण यह है कि खेती से ही मनुष्य की सबसे बुनियादी जरूरत–भोजन–की पूर्ति होती है। अभी तक खाद्यान्नों का कोई औद्योगिक या गैर-खेती विकल्प आधुनिक टेक्नोलॉजी नहीं ढूँढ़ पाई है और भविष्य में इसकी सम्भावना भी नहीं है। इसलिए जब स्वाभिमानी और जागरूक समाज या राष्ट्र खाद्य स्वावलम्बन की रणनीति बनाते हैं या अन्तरराष्ट्रीय कूटनीति में खाद्य आपूर्ति को एक औजार बनाया जाता है, तो खेती का महत्त्व अपने-आप स्पष्ट हो जाता है। (3) खेती के साथ तीसरी विशेषता यह है कि मनुष्य समाज की आर्थिक गतिविधियों में यही ऐसी गतिविधि है, जिसमें वास्तव में उत्पादन एवं नया सृजन होता है। प्रकृति की मदद से किसान बीज के एक दाने से बीस से तीस दाने तक पैदा कर लेता है। उद्योगों, सेवाओं आदि अन्य आर्थिक गतिविधियों में प्रायः कोई नया उत्पादन नहीं होता है, पहले से उत्पादित पदार्थों (जिसे कच्चा माल कहा जाता है) का रूप परिवर्तन होता है। ऊर्जा

या कैलोरी की दृष्टि से भी देखें, तो जहाँ अन्य आर्थिक गतिविधियों में ऊर्जा की खपत होती है, खेती और पशुपालन में ऊर्जा (या कैलोरी) का सृजन होता है। खेती में वानिकी और खनन को भी जोड़ा जा सकता है, वे भी प्रकृति से जुड़े हैं, हालाँकि एक सीमा से ज्यादा खनन विनाशकारी हो सकता है। इसमें मार्के की बात प्रकृति का योगदान है। खेती में प्रकृति मानव श्रम के साथ मिलकर वास्तव में सृजन करती है।

इन तीन विशेषताओं के कारण मानव-समाज में खेती आदि का महत्त्व बना रहेगा। किन्तु आधुनिक सभ्यता और पूँजीवादी समाज में इन तीनों विशेषताओं को नकारने और पलटने की कोशिश हो रही है। ग्लोबीकरण ने इस प्रवृत्ति को और तेज किया है, जिससे नए संकट खड़े हो रहे हैं। खेती की नई टेक्नोलॉजी इतनी आक्रामक है कि वह प्रकृति से जुड़ी इस गतिविधि को प्रकृति के विरुद्ध खड़ी कर रही है, जिससे जल भंडार खाली हो रहे हैं, भूमि का कटाव, बंजरीकरण या दलदलीकरण हो रहा है, अधिकाधिक ऊर्जा की खपत हो रही है, वातावरण में विष घुलते जा रहे हैं और जैविक विविधता का तेजी से ह्रास हो रहा है। खेती में कीटों व रोगों का प्रकोप बढ़ा है, जोखिम बढ़ी है और पैदावार में ठहराव आ गया है। उतनी ही पैदावार के लिए किसान को निरन्तर बढ़ती हुई मात्रा में रासायनिक खाद, कीटनाशक दवाइयों तथा पानी का इस्तेमाल करना पड़ रहा है। किसान के संकट का एक स्रोत आधुनिक टेक्नोलॉजी है। इसी प्रकार खाद्य आपूर्ति एवं खाद्य स्वावलम्बन के स्रोत के बजाय अब खेती को तेजी से पूँजीवादी बाजार तथा बहुराष्ट्रीय कम्पनियों की मुनाफे की न मिटनेवाली भूख की रणनीति का एक पुरजा बनाया जा रहा है। भारत जैसे तमाम देशों को यह सिखाया जा रहा है कि उन्हें अपनी जरूरत का अनाज, दालें व खाद्य तेल पैदा करने की जरूरत नहीं है, दुनिया में जहाँ सस्ता मिलता है वहाँ से ले लें। इसी कारण पिछले तीन-चार सालों में ही यह हालत आ गई है कि जिस भारत के गोदामों में अनाज रखने की जगह

नहीं होती थी, उसे इस वर्ष भारी मात्रा में गेहूँ आयात करना पड़ रहा है। खाद्य तेलों का आयात तो पहले ही कुल खपत के आधे स्तर तक पहुँच गया है। अफ्रीका के लोग भी पहले अपनी जरूरत का अनाज स्वयं ही पैदा कर लेते थे। लेकिन यूरोप की गुलामी के दौर में और बाद में भी वहाँ की खेती को इस प्रकार बदला गया और नष्ट किया गया कि अब वहाँ बारम्बार भीषण अकाल पड़ते हैं।

भारत में हरित क्रान्ति की खुशहाली कुछ क्षेत्रों, कुछ वर्गों और कुछ फसलों तक सीमित रही। लेकिन इस सीमित खुशहाली के दिन भी अब लद गए। जिस विश्व बैंक ने पहले नई टेक्नोलॉजी के प्रचार-प्रसार के लिए सभी आवश्यक उपादान (उन्नत बीज, रासायनिक खाद, कीटनाशक दवाइयाँ, सिंचाई, बिजली, डीजल, आधुनिक कृषि यंत्र) सरकार द्वारा सस्ते व अनुदानयुक्त देने की सिफारिश की थी, उसी ने रंग बदल लिया। वर्ष 1991 के बाद विश्व बैंक और अन्तरराष्ट्रीय मुद्रा कोष के निर्देशन में भारत सरकार ने अनुदानों को कम करते हुए इन सारे उपादानों को क्रमशः महँगा करने की नीति अपनाई। दूसरी ओर, विश्व व्यापार संगठन की स्थापना के साथ ही खुले आयात की नीति के चलते कृषि उपज के सस्ते आयात ने भारतीय किसानों की कमर तोड़ दी। बढ़ती लागत और कृषि उपज के घटते (या पर्याप्त न बढ़ते) दामों के दोनों पाटों के बीच भारतीय किसान बुरी तरह पिसने लगे। खेती घाटे का धंधा पहले से था, लेकिन अब यह घाटा तेजी से बढ़ने लगा और किसान कर्ज में डूबने लगे। संकट इतना घना हो गया कि देश के कई हिस्सों में किसान कोई और चारा न देख बड़ी संख्या में आत्महत्या करने लगे। पिछले छह-सात वर्षों से किसानों की आत्महत्याओं का दौर लगातार जारी है। यह एक अभूतपूर्व स्थिति है जो जबरदस्त संकट की द्योतक है। किन्तु इससे अप्रभावित भारत की सरकारें ग्लोबीकरण-प्रणीत सुधारों की राह पर आगे बढ़ती जा रही हैं। भारत के छोटे और मध्यम किसान या तो आत्महत्या

कर लें या उनकी जमीनें नीलाम हो जाएँ या वे स्वयं जमीन बेचने को मजबूर हो जाएँ, यह सुधारों का एक अघोषित एजेंडा है, क्योंकि जमीन कुछ लोगों के हाथों में केन्द्रित हो जाए, जमीन की जोत बढ़ जाए और कम्पनियों के सीधे या अप्रत्यक्ष नियंत्रण में आ जाए– यह कथित 'सुधारों' का एक लक्ष्य है। इन्हीं सुधारों के अन्तर्गत जमीन की हदबन्दी के कानून को शिथिल किया जा रहा है, नए बीज कानून और पेटेन्ट कानून बनाए जा रहे हैं, जमीन की खरीद-फरोख्त से लेकर बीज आपूर्ति, कांट्रेक्ट खेती, विपणन आदि खेती की सभी गतिविधियों में विदेशी बहुराष्ट्रीय कम्पनियों को खुली छूट दी जा रही है और सारी चिन्ताओं व चेतावनियों को ताक पर रखकर जीन सम्मिश्रण जैसी खतरनाक टेक्नोलॉजी को अनुमति दी जा रही है। इस प्रकार खेती को कम्पनियों के हाथ में सौंपने तथा खेती से जुड़ी आबादी को भी कम करने का एक बर्बर व अमानवीय अभियान चल रहा है। किन्तु एक अहम सवाल इस अंधी दौड़ में भुला दिया जा रहा है। यूरोप-अमरीका में जब खेती से आबादी को विस्थापित किया गया तो वह औद्योगिक क्रान्ति और गोरे लोगों द्वारा दुनिया के विशाल भूभाग पर कब्जे की प्रक्रिया में खप गई। लेकिन भारत जैसे देश में खेती में लगी विशाल आबादी कहाँ जाएगी ? क्या भारत के उद्योगों और शहरों में उनको खपाने की क्षमता है ? क्या देश में पहले से विशाल बेरोजगारी चरम सीमा पर पहुँच नहीं गई है ?

संक्षेप में, भारतीय खेती के संकट के तीन आयाम हैं : (1) आधुनिक पूँजीवादी विकास में खेती को एक आन्तरिक उपनिवेश के रूप में पूँजी निर्माण या शोषण का स्रोत बनाना (2) 'हरित क्रान्ति' के भ्रामक नाम से एक अनुपयुक्त, साम्राज्यवादी, किसान-विरोधी व प्रकृति-विरोधी टेक्नोलॉजी थोपना और (3) ग्लोबीकरण के तहत किसानों पर हमले तथा बहुराष्ट्रीय कम्पनियों के कब्जे की प्रक्रिया को और तेज करना। कहने की जरूरत नहीं है कि ये तीनों आयाम एक-दूसरे से जुड़े हुए हैं और एक बड़ी प्रक्रिया के ही हिस्से हैं।

भारतीय खेती पर बढ़ते इस संकट ने पिछले तीन दशकों में अनेक सशक्त किसान आन्दोलनों को जन्म दिया। तमिलनाडु, कर्नाटक, महाराष्ट्र, गुजरात, पंजाब, पश्चिम उत्तर प्रदेश, हरियाणा आदि राज्यों में लाखों की संख्या में किसान अपनी माँगों को लेकर सड़कों पर निकले। बाद में उड़ीसा, राजस्थान आदि प्रान्तों में भी किसानों के सशक्त आन्दोलन उभरे। ये आन्दोलन ज्यादातर मुख्यधारा के राजनीतिक दलों से बाहर, अलग एवं स्वतंत्र रहे। किसान आन्दोलन ही नहीं, इस अवधि के सभी जनांदोलन प्रमुख राजनीतिक दलों के दायरे से बाहर रहे, जिससे जाहिर होता है कि ये दल आम जनता से कटते गए और उनकी समस्याओं के सन्दर्भ में अप्रासंगिक बनते गए। कहने को ज्यादातर मुख्यधारा राजनैतिक पार्टियों के किसान प्रकोष्ठ या मंत्र हैं, लेकिन उन्होंने कभी भी पार्टी तंत्र से बाहर आकर किसानों के हित में आन्दोलन नहीं किया।

किशन पटनायक इस काल के भारत के एक प्रमुख समाजवादी चिन्तक और कर्मी रहे हैं। भारतीय राजनीति में जनान्दोलनों की बढ़ती भूमिका को उन्होंने बहुत पहले पहचाना, समझा, उनसे एक रिश्ता बनाया और उन्हें एक वैचारिक दिशा देने की कोशिश की। किसान आन्दोलन के भी वे प्रबल समर्थक रहे। व्यवस्था-परिवर्तन की किसी भी प्रक्रिया में वे किसानों और किसान आन्दोलनों की एक महत्त्वपूर्ण भूमिका मानते थे। वे किसान आन्दोलन के इस पूरे दौर के भागीदार, गवाह, नजदीक के पर्यवेक्षक तथा हस्तक्षेप करने के इच्छुक रहे। इस प्रक्रिया में उन्होंने समय-समय पर लेख लिखे, भाषण दिए एवं टिप्पणियाँ कीं। उनमें से कुछ प्रमुख लेखों एवं भाषणों का संकलन इस पुस्तक में किया गया है। इनसे हमें भारत के किसान आन्दोलन के बारे में महत्त्वपूर्ण जानकारियाँ, अन्तर्दृष्टि और समझ मिलती है। पुस्तक के पहले खंड में भारत के किसान आन्दोलन के क्रम में महत्त्वपूर्ण घटनाओं की एक झाँकी मिलती है। दक्षिण के किसान आन्दोलन पर तो हिन्दी में जानकारी दुर्लभ है। बोट क्लब की ऐतिहासिक रैली में टिकैत-शरद जोशी का झगड़ा

भारत के किसान आन्दोलन के इतिहास में एक निर्णायक मोड़ था। इस प्रसंग पर भी किशन पटनायक का एक महत्त्वपूर्ण लेख है, जिसमें किसान आन्दोलन की कुछ प्रमुख कमजोरियों को भी इंगित किया गया है। दूसरे खंड के लेखों से किसान आन्दोलन की वैचारिक दृष्टि, रणनीति और राजनीति के बारे में सम्यक् विश्लेषण मिलता है, जो भावी किसान आन्दोलन के लिए भी काफी मददगार हो सकता है। वैसे भी, भारत के किसान आन्दोलन पर अच्छी पुस्तकें नहीं के बराबर हैं। डॉ. ईश्वरी प्रसाद द्वारा सम्पादित एक पुस्तक 'भारत का किसान आन्दोलन' दस वर्ष पहले प्रकाशित हुई थी, वह भी अब अप्राप्य है। यानी किशन पटनायक की यह शिकायत सही है कि भारत के बौद्धिक वर्ग ने किसान आन्दोलन को गम्भीरता से नहीं लिया है। इस दृष्टि से भी किशन पटनायक की यह पुस्तक एक महत्त्वपूर्ण अभाव को पूरा करती है।

अस्सी और नब्बे के दशक में भारत में बड़े-बड़े किसान आन्दोलन हुए। किसानों के बड़े-बड़े धरने एवं रैलियाँ हुईं, जिनमें लाखों किसानों ने भाग लिया। किसानों का शोषण, कृषि उपज का उचित दाम न मिलना, किसानों पर बढ़ता कर्ज, किसानों पर बढ़ते हुए शुल्क, बिजली के बढ़ते बिल आदि उनके प्रमुख मुद्‌दे थे। लेकिन इतने सशक्त आन्दोलनों के बावजूद आज भारत के किसान की क्या स्थिति है ? किसान आन्दोलनों की जो प्रमुख माँगें थीं, वे पूरी होना तो दूर, हालत उल्टी होती गई, किसान की दुर्गति बढ़ती गई। ग्लोबीकरण की नीतियों ने उसे बड़ी संख्या में आत्महत्याओं के कगार पर पहुँचा दिया। किसान आन्दोलनों की तीव्रता भी धीरे-धीरे कम होती गई। वे ठंडे हो गए, कमजोर हो गए या बिखरते चले गए। ऐसा क्यों हुआ, इसके तटस्थ मूल्यांकन का समय आ गया है।

आमतौर पर किसी आन्दोलन की असफलता के लिए उसके नेतृत्व तथा कुछ व्यक्तियों को दोषी ठहरा दिया जाता है। लेकिन

यह एक सरलीकरण और सतही विश्लेषण ही होता है। गहराई से देखें तो इसके दो प्रमुख कारण थे। एक तो, किसान आन्दोलनों में आमतौर पर व्यापक वैचारिक परिप्रेक्ष्य, दिशा और समझ का अभाव रहा। वे अपनी तात्कालिक संकीर्ण माँगों में ही उलझे रहे। किसानों की स्थिति और किसानों के शोषण की ऐतिहासिक रूप से पड़ताल करते हुए गहराई से विश्लेषण करने की जरूरत उन्होंने नहीं समझी। ऐसा विश्लेषण उन्हें इस अनिवार्य नतीजे पर पहुँचाता कि पूरी व्यवस्था को बदले बगैर किसानों की मुक्ति सम्भव नहीं है। इससे किसान आन्दोलनों का चरित्र ज्यादा क्रान्तिकारी बनता। दूसरा, किसानों की माँगों को पूरा करने के लिए सरकारी नीतियों को बदलने और सत्ता को प्रभावित करने की कोई संयुक्त रणनीति तथा योजना उन्होंने नहीं बनाई। यदि वे ऐसा करते, एक तो उन्हें देश के समस्त किसान आन्दोलनों को एकजुट करने की जरूरत का ज्यादा तीव्रता से अहसास होता। दूसरे, देश के अन्य शोषित और वंचित तबकों के आन्दोलनों के साथ एकता बनाने की जरूरत महसूस होती। साथ ही, किसानों की और शोषितों की एक अलग राजनीति खड़ी करने की दिशा में वे कदम बढ़ाते। यदि सरकारें बार-बार किसान-विरोधी नीतियाँ अपना रही हैं, तथा दल-परिवर्तन से सरकार की नीतियों में कोई फरक नहीं आ रहा है, तो वे स्वयं किसान-पक्षी राजनीतिक ताकत खड़ी करने के बारे में गम्भीरता से सोचते। किशन पटनायक ने इन दोनों आवश्यकताओं को अपने लेखन एवं भाषणों में बार-बार, अलग-अलग तरीकों से, अलग-अलग रूपों में, प्रतिपादित किया है।

इस अर्थ में, किसान आन्दोलन एवं किसान संगठन राजनीति से परे या 'अराजनीतिक' नहीं रह सकते। वे मौजूदा भ्रष्ट, अवसरवादी, यथास्थितिवादी, निहित स्वार्थोंवाले राजनीतिक दलों से अलग रहें, यह तो ठीक है। लेकिन उन्हें अपनी राजनीति बनानी पड़ेगी, नहीं तो ये ही दल उनका इस्तेमाल चुनावों में तथा अन्यत्र अपनी ओछी व टुच्ची राजनीति के लिए करते रहेंगे। चूँकि किसानों

के स्वार्थ इस व्यवस्था के दूसरे समूहों के स्वार्थों से टकराते हैं, इसलिए किसान आन्दोलन को अपनी राजनीति व रणनीति गढ़ना होगा।

किसान आन्दोलन संकीर्ण भी नहीं हो सकता। वह एक ट्रेड यूनियन की तरह नहीं चलाया जा सकता, इस बात को भी किशन पटनायक ने रेखांकित किया है। संगठित मजदूरों का आन्दोलन संकीर्ण हो सकता है। एक फैक्ट्री के मजदूरों का वेतन मौजूदा व्यवस्था के अन्दर बढ़ सकता है; व्यवस्था-परिवर्तन के बगैर वह सम्भव है। लेकिन किसानों की आमदनी मौजूदा व्यवस्था में नहीं बढ़ सकती है। इसका कारण न केवल यह है कि किसानों की तादाद बहुत ज्यादा है और वे देश की आबादी का खास एवं सबसे बड़ा हिस्सा हैं। बल्कि यह भी है कि किसानों और गाँव-खेती के शोषण पर यह पूरी व्यवस्था टिकी है। इसलिए किसान आन्दोलन को अपने लक्ष्य की पूर्ति के लिए परिवर्तनवादी और क्रान्तिकारी बनना ही पड़ेगा।

वैसे तो, मानव इतिहास की सारी नगरी सभ्यताएँ व बड़े-बड़े साम्राज्य किसानों के शोषण पर ही आधारित थे। बड़े-बड़े मन्दिर, राजाओं व सामन्तों के महल, उनकी अय्याशी, सेनाएँ, युद्ध—सबका बोझा अन्ततः किसान ही उठाते थे। ज्यादा लगान व अत्याचार जब बरदाश्त से बाहर हो जाते थे, तो कभी-कभी किसान विद्रोह भी होते थे, किन्तु ये विद्रोह तात्कालिक और स्थानीय होते थे। वे या तो दबा दिए जाते थे या कुछ राहत मिलने पर शान्त हो जाते थे। औद्योगिक पूँजीवाद के विकास के साथ ही किसानों के शोषण ने पहली बार एक सार्वदेशिक तथा विकराल रूप धारण किया है।

अठारहवीं शताब्दी से यूरोप में औद्योगिक क्रान्ति के साथ जिस पूँजीवाद का विकास हुआ है, उसमें औपनिवेशिक शोषण अन्तर्निहित और अनिवार्य है। पूँजी निर्माण के लिए अतिरिक्त मूल्य का स्रोत सिर्फ फैक्ट्री मजदूरों का शोषण नहीं है, बल्कि दुनिया के उपनिवेशों

के किसानों और मजदूरों का शोषण है, इसे रोजा लक्जमबर्ग और राममनोहर लोहिया ने अच्छी तरह समझाया है। उपनिवेशों के आजाद होने के बाद भी यह शोषण नव-औपनिवेशिक तरीकों से जारी रहा है। देश के बाहर के उपनिवेशों या नव-उपनिवेशों के शोषण का मौका नहीं मिलने पर पूँजीवाद देश के अन्दर उपनिवेश खोजता है। सच्चिदानन्द सिन्हा तथा किशन पटनायक ने इसे 'आन्तरिक उपनिवेश' का नाम दिया है। पिछड़े और आदिवासी इलाके भी आन्तरिक उपनिवेश हो सकते हैं, लेकिन गाँव और खेती भी एक प्रकार के आन्तरिक उपनिवेश हैं। गाँव और खेती में पैदा होनेवाली चीजों के दाम कम रखकर, गाँव के उद्योगों को खतम करके उन्हें कारखानिया माल का बाजार बनाकर, गाँव में विशाल बेरोजगारी एवं कंगाली पैदा करके उद्योगों के लिए सस्ता श्रम जुटाकर, तथा गाँव और खेती को तमाम तरह की सुविधाओं व विकास से वंचित रखकर ही औद्योगिकीकरण तथा पूँजीवादी विकास सम्भव होता है और हुआ है। इसलिए आधुनिक पूँजीवादी औद्योगिक विकास में गाँव-खेती का शोषण अनिवार्य है। किसान-मुक्ति के किसी भी आन्दोलन को अन्ततः इस 'विकास' और इस पर आधारित आधुनिक सभ्यता पर सवाल खड़े करने होंगे तथा इसके खिलाफ बगावत करनी होगी। इस वैचारिक परिप्रेक्ष्य के अभाव में किसान आन्दोलन आगे नहीं बढ़ पाएँगे, दिशाहीन होकर ठहराव के शिकार हो जाएँगे।

भारत का ही उदाहरण लें। जवाहरलाल नेहरू के प्रधानमंत्री रहते अर्थशास्त्री एवं सांख्यिकीविद् प्रशांत चन्द्र महालनोबिस ने दूसरी पंचवर्षीय योजना से देश में भारी उद्योगों के विकास की जो योजना बनाई, वह खेती-गाँव को शोषित-वंचित रखने की रणनीति पर ही आधारित थी। सरकारी और निजी क्षेत्र, दोनों में औद्योगिकीकरण को बल देने के लिए सस्ता कच्चा माल और सस्ता श्रम मिले, मजदूरों को अधिक मजदूरी न देनी पड़े इसके लिए खाद्यान्नों के दाम भी कम रखे जाएँ—यह महालनोबिस मॉडल में अन्तर्निहित था। नतीजा यह हुआ कि भारत के जिन किसानों ने आजादी के आन्दोलन

में बढ़चढ़ कर भाग लिया तथा जो इस आन्दोलन के मुख्य आधार थे, वे शोषित-वंचित बने रहे तथा कंगाली और बदहाली से आजाद नहीं हो पाए। ऐसा ही धोखा सोवियत क्रान्ति के बाद वहाँ के किसानों के साथ हुआ, जब स्तालिन के नेतृत्व में सामूहिक फार्म बनाने के लिए किसानों से जबरदस्ती जमीन छीन ली गई और विरोध करनेवाले असंख्य किसानों को मौत के घाट उतार दिया गया। गाँव और किसानों को वंचित रखके ही भारी औद्योगिकीकरण, सेना एवं शस्त्र-निर्माण तथा अन्तरिक्ष अभियान का कार्यक्रम सोवियत संघ में चलता रहा। चीनी क्रान्ति तो मुख्यतः किसानों की ही क्रान्ति थी। इसने चीन में साम्यवाद को एक नया और खाँटी देशी रूप दिया। लेकिन औद्योगिक विकास का वही पूँजीवादी विचार ही हावी होने के कारण अन्ततः चीन भी तेजी से पूँजीवादी ग्लोबीकरण की राह पर जा रहा है। वहाँ भी बहुत तेजी से एवं बहुत बड़े पैमाने पर किसानों और गाँवों को कंगाली, बेरोजगारी, बदहाली और विस्थापन का शिकार होना पड़ रहा है।

कुल मिलाकर, किसानों की मुक्ति के लिए आधुनिक औद्योगिक सभ्यता से मुक्ति पाना होगा और एक गाँव-केन्द्रित, विकेन्द्रित, नई सभ्यता की तलाश करना होगा। किशन पटनायक की विशेषता यह है कि वे सिर्फ किसान संकट के विविध आयामों की ही पड़ताल नहीं करते और मौजूदा व्यवस्था की महज आलोचना ही नहीं करते, विकल्प व समाधान भी खोजते चलते हैं। 'किसान विद्रोह का घोषणापत्र' और 'किसान राजनीति के सूत्र' नामक लेखों में वे किसानों की दृष्टि से भावी समाज की रचना के कुछ सूत्र भी पेश करते हैं। इसी तारतम्य में वे पूँजीवाद के एक गैर-मार्क्सवादी विकल्प की तलाश का आह्वान करते हैं, क्योंकि मार्क्सवाद उस उत्पादन-प्रणाली से बहुत ज्यादा जुड़ा है, जिसमें कृषि व किसानों का शोषण निहित है।

विचारों के स्तर पर पुरानी मान्यताओं एवं पुराने ढाँचों को खंडित करने और नए विकल्पों की तलाश करने का काम किसान आन्दोलन

के नेतृत्व को करना होगा और जागरूक बुद्धिजीवियों को करना होगा। इस मामले में भारत के बुद्धिजीवियों और शास्त्रों की कमियाँ तथा असफलता किशन पटनायक को काफी कचोटती है। उनकी विसंगतियों और अपनी पीड़ा को किशन पटनायक ने 'कृषक क्रान्ति और शास्त्रों का अधूरापन' नामक लेख में व्यक्त किया है।

जब हम 'किसान' की बात करते हैं, तो उससे क्या आशय है ? किसान की परिभाषा में खेत में काम करनेवाला मजदूर शामिल है या नहीं ? भूमि के मालिक किसान और भूमिहीन मजदूर के हित भिन्न एवं परस्पर विरोधी हैं या उनमें कोई एकता हो सकती है ? ये प्रश्न किसान आन्दोलन के सन्दर्भ में बार-बार सामने आते हैं। किशन पटनायक का मानना है कि किसान व खेतिहर मजदूर में द्वन्द्व तो है, लेकिन यह बुनियादी द्वन्द्व नहीं है। जो किसान आन्दोलन नव-औपनिवेशिक शोषण और आन्तरिक उपनिवेश के वैचारिक परिप्रेक्ष्य में चीजों को देखेगा, वह उससे संघर्ष के लिए खेतिहर मजदूरों को अपने साथ लेने का प्रयास करेगा। यदि किसान और खेतिहर मजदूर एक हो गए, तो बड़ी ताकत पैदा होगी, जो पूँजीवाद, साम्राज्यवाद, ग्लोबीकरण और साम्प्रदायिकता का मुकाबला कर सकेगी। पुस्तक के अन्तिम दो लेखों में किशन पटनायक ने इस प्रश्न को सुन्दर तरीके से सम्बोधित किया है।

अस्सी के दशक के अन्त में भारत में किसान आन्दोलन अपने शिखर पर था। कर्नाटक में प्रो. एम.डी. नन्जुदास्वामी के नेतृत्व में, महाराष्ट्र में शरद जोशी के नेतृत्व में और पश्चिम उत्तर प्रदेश, हरियाणा, पंजाब में महेन्द्र सिंह टिकैत के नेतृत्व में किसान आन्दोलनों की एक जबरदस्त लहर चल रही थी। इन आन्दोलनों की एकता और समन्वित कार्यवाही देश के इतिहास को एक नया मोड़ दे सकती थी। लेकिन यह ऐतिहासिक मौका हाथ से चला गया। 2 अक्तूबर, 1989 को दिल्ली में बोट क्लब की विशाल रैली में मंच पर हुए विवाद की घटना मानो एक संकेत थी। इसके बाद से किसान

आन्दोलनों का ज्वार उतरने लगा। ऐसा क्यों हुआ, इसको समझने के लिए जिज्ञासु अध्येताओं को इन आन्दोलनों की पृष्ठभूमि, उनके सामाजिक आधार, नेतृत्व, विचारधारा, घटनाओं और परिस्थितियों का विस्तार से अध्ययन करना पड़ेगा। उन्हें किशन पटनायक की इस पुस्तक से मदद और महत्त्वपूर्ण संकेत मिलेंगे।

इस सन्दर्भ में एक प्रसंग का जिक्र करना मौजूँ होगा। सम्भवतः बोट क्लब रैली के पिछले वर्ष की ही बात होगी, जब किसान संगठनों की अन्तरराज्यीय समन्वय समिति का गठन हो गया था। इस समिति की बैठक नागपुर में हुई, जिसमें महाराष्ट्र, कर्नाटक, गुजरात, पंजाब, हरियाणा, उड़ीसा, मध्यप्रदेश आदि के प्रतिनिधि मौजूद थे, किन्तु बैठक नागपुर में होने के कारण महाराष्ट्र के प्रतिनिधि ज्यादा थे। इस बैठक में कुछ प्रतिनिधियों के द्वारा शेतकारी संघटना द्वारा अनाज व कपास की खेती छोड़कर किसानों को यूकेलिप्टस की खेती करने के आह्वान पर सवाल उठाए गए। किशन पटनायक भी इस बैठक में मौजूद थे। उन्होंने कहा कि किसान चूँकि देश का सबसे बड़ा तबका है, उसका स्वार्थ देश के स्वार्थ से अलग नहीं हो सकता। उसे देश के स्वार्थ के बारे में भी सोचना पड़ेगा। किशन पटनायक ने यह भी कहा कि किसानों की बेहतरी के लिए सिर्फ कृषि उपज के ज्यादा दाम माँगने से बात नहीं बनेगी। औद्योगिक दामों पर नियंत्रण की माँग करनी पड़ेगी। इसका मतलब है कि पूरी व्यवस्था को बदलने की बात सोचनी पड़ेगी। एक समग्र नीति बनानी पड़ेगी। किसानों के नजरिए से विकास नीति कैसी हो, उद्योग नीति कैसी हो, शिक्षा नीति कैसी हो, प्रशासन व्यवस्था कैसी हो–सबकी रूपरेखा बनानी पड़ेगी और सबके बारे में सोचना पड़ेगा। किन्तु शरद जोशी और उनके जींसधारी सिपहसालारों ने किशन पटनायक की बात बिलकुल नहीं चलने दी। उनका कहना था कि कृषि उपज का दाम ही सब कुछ है। किसानों को सही दाम मिलने लगे, तो सब ठीक हो जाएगा। किशन पटनायक के विचारों पर आगे चर्चा व बहस भी बैठक में नहीं होने दी गई।

काश ! यदि किशन पटनायक की बात पर किसान आन्दोलनों के नेताओं ने गौर कर लिया होता और अपने आन्दोलनों को उस दिशा में ढाला होता, तो न केवल किसान आन्दोलनों का, बल्कि देश का इतिहास भी कुछ दूसरा हो सकता था। किन्तु आगे की प्रवृत्तियों के लक्षण यहीं दिखने लगे थे। शरद जोशी बाद में ग्लोबीकरण, उदारीकरण और बाजारवाद के पक्के समर्थक साबित हुए। इसीलिए शायद वे उस बैठक में बहस से बचना चाहते थे। शरद जोशी ने किसानों को सब्जबाग दिखाए कि मुक्त व्यापार की नीतियों से उनकी उपज का निर्यात बढ़ेगा और उन्हें आकर्षक दाम मिलेंगे। लेकिन हुआ ठीक उल्टा। कृषि उपज का आयात बढ़ा तथा घरेलू मंडियों में भी दाम गिर गए। शरद जोशी तो उन्नति करते हुए राज्यसभा सदस्य बन गए और 'कृषि लागत एवं मूल्य आयोग' के अध्यक्ष भी बन गए, किन्तु महाराष्ट्र के किसान आत्महत्याओं की कगार पर पहुँच गए। अन्तरराष्ट्रीय बाजार आखिरकार शरद जोशी की सदिच्छाओं से काम नहीं करता, ताकतवर पश्चिम देशों, उनके विशाल अनुदानों और उनकी विशाल बहुराष्ट्रीय कम्पनियों के स्वार्थों के मुताबिक काम करता है। किसान आन्दोलन के लिए यह एक महत्त्वपूर्ण सबक है।

किशन पटनायक आज हमारे बीच में नहीं हैं। किन्तु उनके विचारों और विश्लेषण से किसान आन्दोलन को एक नई दिशा मिल सकेगी, साथ ही परिवर्तन चाहनेवाले सभी व्यक्तियों व समूहों की समझ भी समृद्ध होगी, इसी आशा एवं विश्वास के साथ यह छोटी-सी पुस्तक पाठकों की सेवा में पेश है। एक साथ दो पुस्तकें (दूसरी पुस्तक : 'भारतीय राजनीति पर एक दृष्टि : गतिरोध, सम्भावना और चुनौतियाँ') तुरन्त प्रकाशित कर देने के लिए राजकमल प्रकाशन के प्रबन्ध निदेशक श्री अशोक महेश्वरी का धन्यवाद और आभार।

7 जून, 2006

–सुनील

अनुक्रम

खंड-1

किसान आन्दोलन : कुछ प्रसंग

- दक्षिण का किसान विद्रोह
- शरद जोशी के साथ एक सेमिनार
- टिकैत का किसान आन्दोलन
- टिकैत और प्रोफेसर
- बोट क्लब से उठे सवाल

दक्षिण का किसान विद्रोह

31 दिसम्बर, 1980 तमिलनाडु में बन्द का दिन था। मैं उस दिन पेरियार के जिला मुख्यालय इरोड में था। पेरियार और कोयंबतूर ये दो जिले— तमिलनाडु व्यावसायिगल संगम (तमिलनाडु किसान संघ) के गढ़ हैं। संगम के नेता सी. नारायणस्वामी नायडू भी कोयंबतूर के ही हैं।

सुबह इरोड शांत था। होटल के मेरे कमरे में आटोरिक्शा का शोर साफ सुनाई पड़ रहा था और खिड़की से दूकानें खुली दिखाई दे रही थीं। कुछ क्षणों के लिए मुझे लगा कि बन्द विफल रहा। तभी होटल का सेवकनुमा प्रबन्धक मुझे यह बताने आ पहुँचा कि बस स्टैंड पर अंग्रेजी का अखबार अनुपलब्ध है, क्योंकि बसें ही नहीं आई हैं। तब

मेरे दिमाग में कौंधा कि किसानों का बन्द, शहरी बन्द से भिन्न तो होगा ही। हम लोग शहरों-कस्बों के बन्द ही कराने-देखने के अभ्यस्त हैं। ऐसे बन्दों की सफलता दूकानें बन्द रखने पर आँकी-कूती जाती है, रिक्शों का भी चलना बन्द कर दिया गया, तब तो मानो पूरा ही बन्द हो गया। पर किसान का 'बन्द' दूकानदार का 'बन्द' नहीं है, इसीलिए उसका स्वरूप अलग होगा। वह करों और कर्जों की अदायगी देने से इनकार करने तक की शक्ल ले सकता है। संगम के अध्यक्ष नायडू ने, जिन्हें राष्ट्रीय सुरक्षा अध्यादेश के अन्तर्गत गिरफ्तार किया गया है, किसानों को सलाह दी है कि दूध, साग-सब्जी, तथा अन्य चीजें शहरों को भेजना बन्द कर दें। अमल में 31 दिसम्बर को, सड़कें अवरुद्ध कर दी गईं। दूसरे दिन अखबारों में मार्ग अवरोधक खड़े करने की कई खबरें थीं। दैनिक 'हिन्दू' ने छापा कि कोयंबतूर जिले में तिरुपुर-पल्लादम मार्ग में बेल्लमपेट्टी के पास विद्युत्मय तार बिछा दिए गए थे। कुछ पुलियों के गिराए जाने की भी खबरें थीं। तिरुनेवेल्ली जिले में 16 लोग मारे गए। कोल्लापट्टी के पास तिरुवेंगडम गाँव में पुलिस ने आन्दोलनकारियों के एक समूह को खदेड़ा। कुछ दूरी पर आन्दोलनकारी नए सिरे से जमा हुए और उन्होंने पुलिस पर धावा बोल दिया तथा एक डिप्टी इंस्पेक्टर और तीन सिपाहियों को पकड़कर साथ ले गए। इस संघर्ष में एक कांस्टेबल की जान गई और तीन किसानों की। कुछ के अनुसार कांस्टेबल के मरने के बाद ही पुलिस ने गोलियाँ चलाईं। अखबारों में छपी खबरों के अनुसार बन्द के सिलसिले में आठ हजार लोग बन्दी बनाए गए। इनमें 2,700 ऐसे लोग भी शामिल हैं जिन्हें समाज विरोधी तत्त्व कहकर प्रारम्भिक सावधानी के नाते पहले ही गिरफ्तार किया गया था। मद्रास शहर में लगभग 400 लोग निरोधक उपायों के अन्तर्गत बन्दी बनाए गए। राज्य भर में पुलिस बन्द के पहले से बन्द के दौरान तक सक्रिय रही। कुछ समय से किसान बिजली का बकाया भुगतान नहीं कर

रहे हैं और सरकार ने उनके कनेक्शन काट देने का हुक्म दिया है। इसे 'डिसकनेक्शन कार्रवाई' कहा गया है। आगामी मौसम की फसलों के स्वरूप तथा उत्पादन पर इसका विपरीत असर हो सकता है।

ऐसी स्थिति में संगठन के कुछ संचालक छिप गए हैं, उनमें से कुछ से मेरी मुलाकात हुई। उनका आरोप है कि एम. जी. रामचंद्रन शासित तमिलनाडु में अघोषित आपात्काल है। बन्दी बनाए गए लोगों के मित्रों-रिश्तेदारों को जेल में मिलने नहीं दिया जाता। शासक दल के सदस्यगण पुलिस को संदिग्ध लोगों की सूचियाँ सौंपते हैं। बन्द के बाद पुलिस ने हर उस गाँव में जहाँ मार्ग रोकने के प्रयास हुए थे, छह लोगों के नाम माँगे हैं। गाँववालों को धमकियाँ दी जा रही हैं कि अगर छह लोगों की सूची नहीं दी, तो बुरे नतीजे भोगने होंगे। 75-76 के घोषित आपात्काल के दौरान तमिलनाडु में ऐसा कुछ भी नहीं हुआ था, पर अब अघोषित आपात्काल में हो रहा है।

पृष्ठभूमि : इन किसान नेताओं से यदि आप उनकी माँगों का कोई पत्रक या पुस्तिका या अन्य छपा विवरण माँगें, जिसमें उनके दृष्टिकोण पर प्रकाश डाला गया हो, तो आपको निराशा हाथ लगेगी। माँगों के प्रचार के लिए पोस्टर भी कहीं नहीं दिखाई पड़ेंगे। उनमें से एक नेता ने कोशिश की कि वह उन माँगों की सूची को याद करे, जो सात-आठ साल पहले तमिलनाडु व्यावसायिगल संगम के गठन के समय तैयार की गई थी। वह संगठन लम्बे समय तक कागज़ों में ही रहा। 1975 की एक घटना ने ही इस संगठन को सहसा गति दी। उन दिनों द्रमुक नेता करुणानिधि मुख्यमंत्री थे। बिजली की बढ़ी हुई दरों के विरोध में प्रदर्शन कर रहे किसानों पर कोयंबतूर जिले में पुलिस ने गोली चलाई, जिससे कुछ किसान मारे गए। आजादी के बाद किसानों पर तमिलनाडु में ऐसा पुलिस जुल्म पहली बार हुआ था। सारे राज्य में विरोध प्रदर्शन होने लगे। इन्हीं प्रयासों ने संगठन को गति दी। सभी जगह किसानों को यह माँग संगत

लगने लगी कि बिजली की दरें घटें और पुराने सरकारी तथा सहकारी कर्जे माफ हों। 1978 में सहकारी कर्जों की माफी के लिए बड़ी-बड़ी रैलियाँ राज्य में आयोजित हुईं। ग्रामीणों और गरीबों के बीच अपनी लोकप्रियता के गुमान में मग्न मुख्यमंत्री एम.जी.आर. ने इन रैलियों और माँगों की उपेक्षा की। फलतः 1980 में वह पार्टी लोकसभा चुनाव में हारी। तब उन्हें होश आया। विधानसभा चुनाव के समय उन्होंने चुनावी वायदे वाले रेडियो भाषण में वचन दिया कि कर्जे माफ कर दिए जाएँगे। बाद में एक सार्वजनिक भाषण में उन्होंने कहा कि नशाबन्दी के खात्मे से होने वाली आमदनी कर्जों की माफी की क्षतिपूर्ति कर देगी। इसी से किसानों के नेताओं ने एम.जी. आर. के दल का विरोध न करने का निश्चय किया और अद्रमुक की जीत हुई।

पर शीघ्र ही एम.जी.आर. 'डबलरोल' खेलने लगे। उन्होंने गरीब किसानों का विश्वास अर्जित करने के लिए ऐलान किया कि छोटे और गरीब किसानों के तकाबी ऋण का पिछला बकाया माफ कर दिया जाएगा, पर किसान इससे प्रभावित नहीं हुए। अब वे एम.जी.आर. को अपना शत्रु मानते हैं। इसी से हाल ही में एक साधारण विवाद, जिसे सामान्यतः स्थानीय स्तर पर सुलझाया जा सकता था, प्रांतव्यापी रोष को भड़काने का आधार बन बैठा।

त्रिची जिले के एक गाँव कुलई थाल में पास के एक औद्योगिक प्रतिष्ठान के कुछ लोगों ने कुछ हरिजन परिवारों को ऐसी सार्वजनिक भूमि पर बसाना चाहा जो एक सिंचाई जलाशय के पास थी। गाँव के किसानों ने इसका इस आधार पर विरोध किया कि इससे अंततः सिंचाई में बाधा पड़ेगी। स्थानीय अधिकारियों ने यह आपत्ति अनसुनी कर दी। इस पर किसान संगठन ने आह्वान किया कि उस गाँव में राज्य-स्तरीय रैली की जाएगी। रैली के दिन पुलिस ने चारों ओर से ऐसी घेराबन्दी की जिससे कि प्रदर्शनकारी गाँव तक न पहुँचें। एक रेलगाड़ी से आ रहे यात्री निर्ममतापूर्वक पीटे गए। इससे पुनः

राज्यव्यापी प्रतिक्रिया हुई और उसी सिलसिले में 31 दिसम्बर ’80 को बन्द का आयोजन किया गया।

गिरफ़्तार लोगों की अभी तक रिहाई नहीं की गई है। कुछ फरार नेता पड़ोसी राज्यों से आन्दोलन को संचालित रखने के लिए सचेष्ट हैं। मैंने पड़ोस के एक राज्य में तमिल में छपे पत्रक देखे जिनमें तमिलनाडु के किसानों का आह्वान किया गया था कि जिन इलाकों में बिजली के कनेक्शन रद्द किए जा रहे हैं, वहाँ वर्षा-आधारित फसलें ही बोयी जाएँ। इसका अर्थ है कि किसान युद्ध के लिए तत्पर हैं।

तमिलनाडु ने कर्नाटक को प्रभावित किया है, पर केरल में इसकी अनुगूँज सुनाई नहीं पड़ती। इसका कारण शायद यह हो कि केरल में मुख्यतः नकदी फसलें ही उगाई जाती हैं जैसे नारियल, इलायची, काजू, काफी, रबर आदि। इनमें कुछ के अच्छे दाम मिल जाते हैं, आंध्र में कुछ भूतपूर्व कांग्रेसी नेताओं ने मिलकर किसानों से आह्वान किया कि वे आन्दोलन करें, पर उससे कुछ असर नहीं हुआ। लेकिन कर्नाटक के किसानों में तमिलनाडु के किसानों जैसी ही प्रतिक्रिया उभरी। ‘सुधार लेवी’ का प्रतिरोध हुआ और बेलगाम तथा धारवाड़ जिलों में कुछ जगहों पर उसने हिंसक रूप ले लिया। सरकार को यह लेवी व्यवस्था वापस लेनी पड़ी। शिमोगा में पहले समाजवादियों के नेतृत्व में किसान आन्दोलन होते रहे हैं। वहाँ अभी भी कर्नाटक के किसानों का सर्वाधिक सक्षम संगठन है। विगत सितम्बर में उन्होंने ‘रास्ते बन्द’ का आह्वान किया जो कि शान्तिपूर्ण एवं सफल रहा। पिछले 2 अक्तूबर को 20 हजार किसान जिला कचहरी के प्रांगण में जमा हुए और एक दिन का उपवास रखा। कुछ राजनेता इस सभा को सम्बोधित करने के इच्छुक थे। पर कर्नाटक के किसान नेता अपने आन्दोलन का पार्टी नेताओं द्वारा इस्तेमाल न होने देने की सजगता बरत रहे हैं। इसी से राजनेताओं को बोलने की इजाजत

नहीं दी गई। 31 दिसम्बर को, कर्नाटक में भी राज्य-व्यापी बन्द था, जो अहिंसक एवं सफल रहा। पर हिंसा नहीं हुई, तो कर्नाटक के किसान आन्दोलन की घटनाओं को धारवाड़ की उग्र घटना के बाद से भारत के राष्ट्रीय प्रेस में छापने लायक भी नहीं माना गया। पर सरकार ने इस आन्दोलन की ताकत और चुनौती को समझा और मुख्यमंत्री गुंडूराव ने फौरन 'सुधार लेवी' की वापसी का ऐलान कर दिया। अब उन्होंने घोषणा की है कि दस एकड़ तक की खेती पर भू-राजस्व नहीं लगेगा।

पर मौजूदा अर्थव्यवस्था को जारी रखने की इच्छुक कोई भी सरकार कर्नाटक रैयत (किसान) संघ द्वारा तैयार 19 सूत्री माँगों को मंजूर नहीं कर सकती। ये माँगें संकेत देती हैं कि किसानों का आन्दोलन कितना परिवर्तनकामी हो चुका है। इन माँगों में से कुछ ये हैं :

1. माँग-पत्र की छठवीं माँग यह है कि जमीन का लगान ब्रितानी सामन्ती व्यवस्था का अवशेष है, अतः उसे खत्म किया जाए।
2. सातवीं माँग है कि कृषि उपज के दामों की वैज्ञानिक गणना की जाए और वे दाम, निवेश की कीमत तथा शामिल मानवीय कार्य अवधि के आधार पर उसी प्रकार तय किए जाएँ जैसे कि औद्योगिक क्षेत्र में किए जाते हैं। (क) सरकार को किसानों का समस्त अतिरिक्त उत्पादन निर्धारित दरों पर और स्वयं खरीदना चाहिए। (ख) किसानों के सामान की कीमतें, मौजूदा स्थिति में इस प्रकार तय हों–धान और गेहूँ–200 रु. प्रति कुंतल, रुई 1 हजार से 1200 रु., प्याज और आलू 100 रु., गन्ना 300 रु. (प्रति टन), मूँगफली 500 रु. प्रति कुंतल, नारियल दो रु. का एक।
3. आठवीं माँग (क) सरकार को प्रत्येक औद्योगिक उत्पादन के लिए

आवश्यक वास्तविक मानवीय श्रम तथा कच्चे माल की सच्ची कीमतें प्रकाशित करनी चाहिए। (ख) औद्योगिक तथा खेती के क्षेत्र में मानवीय श्रम का समान मूल्य होना चाहिए और साथ ही दोनों में मुनाफे की सीमाएँ भी एक रखी जाएँ ताकि कीमतों में समरूपता सम्भव हो। (ग) कारखानों में उत्पादित वस्तुएँ लागत-दाम के डेढ़ गुने से ज्यादा में न बेची जाएँ।

4. नौवीं माँग है कि खेती को एक उद्योग घोषित किया जाए और खेतिहर मजदूरों को वे सभी लाभ मिलें जो करखनियाँ मजदूरों को मिलते हैं।
5. दसवीं माँग है कि सभी किसानों और खेतिहर मजदूरों को 55 साल की उम्र के बाद बुढ़ापे की पेंशन मिले। खेतिहर मजदूरी की वेतन नीति, कृषि उत्पादन की वैज्ञानिक दाम नीति के साथ-साथ बनाई जाए।
6. माँगपत्र की ग्यारहवीं माँग यह है कि भूमिहीन मजदूरों को सरकार के अधीनस्थ सारी कृषि योग्य भूमि वितरित कर दी जाए। और उसमें खेती के लिए सरकार वित्तीय मदद दे।

किसान आन्दोलन की अगुवाई धनी किसान कर रहे हैं, इस बात की आलोचना अर्थहीन है। समाज के किसी भी पीड़ित तबके के स्वतः स्फूर्त आन्दोलन के प्रारम्भिक चरण में शिक्षित और आर्थिक दृष्टि से बेहतर लोगों द्वारा नेतृत्व स्वाभाविक है। छोटे और गरीब किसान उनके संघर्ष और त्याग से प्रेरणा पाते हैं और उन छोटे गरीब किसानों की वाणी का काम ऐसे शिक्षित तथा अपेक्षाकृत सम्पन्न किसान करते हैं। जो नेता, नौकरशाह और अखबार किसानों के इन आन्दोलनों की अगुवाई सम्पन्न कृषकों द्वारा की जाती देखकर विक्षुब्ध हैं और शंकाएँ व्यक्त कर रहे हैं, उन्होंने खुद क्या किया है, गरीब तथा छोटे किसानों की मुश्किलें समझने तथा सुलझाने के लिए ? तमिलनाडु और

कर्नाटक के आन्दोलनकारी किसानों का एक वर्ग समझता है कि यदि सम्पन्न किसान बहुत दिनों तक निर्विवाद नेता बने रहे तो वे विश्वासघात कर सकते हैं। जैसे-जैसे विकासखंडों और तालुका क्षेत्रों के स्तर पर संगठन तैयार होगा, साधारण किसानों का नेता के रूप में प्रशिक्षण हो सकेगा।

ऊपर दी गई माँगों का अध्ययन किसी भी सजग प्रेक्षक के सामने यह स्पष्ट कर देगा कि किसान अपने माल का ज्यादा से ज्यादा दाम माँगते जाने की मूर्खतापूर्ण दौड़ में नहीं पड़ने जा रहे हैं, क्योंकि वे जानते हैं कि इसमें वे पिछड़ जाएँगे और करखनियाँ माल बाजी मार ले जाएगा। पहले भी यही हो चुका है। इसीलिए किसानों को औद्योगिक उत्पादनों के दामों में आधारभूत कटौती की तथा उनके मूल्य-निर्धारण की पूरी प्रक्रिया में अंकुश रखने की आवाजें उठानी होंगी। यदि किसान आन्दोलन सफल होता है और ताकत बनती है तो वह नेताओं, दलों तथा सरकारों से कहेगा कि निजी और सार्वजनिक, दोनों ही उद्योग-क्षेत्रों को दी जा रही बेशुमार सहूलियतें बन्द हों और भीषण पक्षपात खत्म हो तथा समानता के स्तर पर व्यापार हो, यानी कृषि क्षेत्र को भी वे ही सुविधाएँ और सहूलियतें मिलें जो कारखानों को मिलती हैं। इससे मौजूदा आर्थिक संरचना एवं सम्पूर्ण मौजूदा अर्थतंत्र हिल उठेगा और राज्य की बजट मशीनरी लड़खड़ा जाएगी। प्रत्येक मौजूदा राजनीतिक दल में निजी तथा सार्वजनिक उद्योगपतियों की सशक्त लाबी सक्रिय है। इनके जरिए उद्योगपति और नौकरशाह किसान आन्दोलन को कमजोर तथा गुमराह करने की हरसम्भव कोशिशें करेगा, क्योंकि यदि कालांतर में इस पर लगाम न लगा दी गई तो यह आन्दोलन मौजूदा अर्थतंत्र को एक जबर्दस्त धक्का देगा। यही कारण है कि प्रेस और बड़े उद्योग घराने ऐसी कोशिशों को शह देंगे जिससे किसान आन्दोलन का नेतृत्व राजनीतिक दलों के हाथ में आ जाए। वे यह भी चाहेंगे कि आन्दोलन धनी किसानों की लाबी के हाथों में रहे,

ताकि उसे चाहे जब कुचला या रोका जा सके।

दूसरे तमाम पेशेवर राजनेताओं की तरह कम्युनिस्ट नेता भी इस स्थिति को समझ नहीं पा रहे हैं। वे एक ओर इसे 'कुलक आन्दोलन' कहते हैं, तो दूसरी ओर नागपुर में सी.पी.आई. (भाकपा) के महासचिव राजेश्वर राव बुर्जुआ दलीय नेताओं के साथ गिरफ्तारी देकर 'दिंडी' से अपने को जोड़ने को आतुर देखे जाते हैं। वैचारिक स्तर पर कम्युनिस्टों के मन में किसानों के प्रति दुविधा है। एक ओर वे उसे प्रतिक्रियावादी बुर्जुआ वर्ग का हिस्सा मानते हैं तो दूसरी ओर वे उनकी राजनीतिक शक्ति की उपेक्षा भी नहीं कर पाते।

दक्षिणपंथी हों या वामपंथी, तमाम पारम्परिक राजनीतिक दल किसानों को ठीक-ठीक नहीं समझ पाते, क्योंकि किसान सिर्फ भूस्वामी नहीं हैं, वे उत्पादक, श्रमिक और उपभोक्ता भी हैं, और इन रूपों में वे अपने प्रति किए जानेवाले भेदभाव का अनुभव करते हैं, सहते-समझते हैं। कम्युनिस्टों और पारम्परिक समाजवादियों में भी एक पूर्वाग्रह है औद्योगिक क्षेत्र के प्रति और उस सीमा तक वे भी खेती की समस्याओं से अनभिज्ञ रहते हैं।

इस प्रकार किसान आन्दोलन, अपनी सम्पूर्णता के साथ, सभी राजनीतिक दलों के लिए एक चुनौती है और एक चुभन है। वे उसका नेतृत्व लेने की कोशिश कर सकते हैं, जैसा कि उन्होंने महाराष्ट्र में किया, पर वे उसे चला नहीं सकते क्योंकि वे उसे चलाना जानते ही नहीं।

एक सम्भावना यह भी है कि किसान आन्दोलन में से उसका राजनीतिक नेतृत्व स्वयं विकसित हो। तमिलनाडु और कर्नाटक आन्दोलनों के भीतर ये क्षमताएँ तथा सम्भावनाएँ नजर आती हैं। यह क्षमता बिखर न जाए, इसी दृष्टि से इन आन्दोलनों के 'एक्टिविस्टों' को उनके नेता इस हेतु सावधान भी कर रहे हैं कि वे निकट भविष्य में चुनाव न लड़ें। लेकिन कुछ समय बाद, जब संगठन सुदृढ़ हो

जाता है और स्पष्ट नीतियों पर आधारित राजनीतिक संकल्प विकसित हो जाता है, तब वे लोग एक राजनीतिक शक्ति बन सकेंगे।

उदाहरणार्थ, तमिलनाडु में किसान आन्दोलन में यह क्षमता है कि वह प्रांतीय राजनीति में तीसरी शक्ति के रूप में उभरे। तमिलनाडु की राज्यसत्ता में हाल ही तक द्रमुक और अद्रमुक का संयुक्त एकाधिकार रहा है। किसानों के आन्दोलन ने 1980 के लोकसभा और विधानसभा चुनावों को प्रभावित किया था और स्पष्टतः वह स्वतंत्र राजनीतिक शक्ति बन सकता है। यही कारण है कि विपक्ष में होने पर भी द्रमुक इसे प्रोत्साहित नहीं कर रहा।

एक दूसरे नजरिए से देखें तो मौजूदा किसान आन्दोलन पिछड़ी जातियों के आन्दोलन का ही एक विस्तार है। दक्षिण में पिछड़ी जातियों का आन्दोलन ठहराव बिन्दु तक जा पहुँचा है। मध्य जातियों ने अपना सामाजिक स्तर बढ़ा लिया है और राजनीतिक रूप में उनके नेताओं ने ब्राह्मणों को अपेक्षाकृत कमजोर हालत में ठेल दिया है। अपने जाति बिरादरों के व्यापक समर्थन से मध्यवर्ती जातियों के ये नेता समृद्ध हो गए हैं और शहरी आधार हासिल कर चुके हैं, जबकि पिछड़े जनसमूह ग्रामीण इलाकों में किसानों के रूप में रहते हैं। उनकी आर्थिक हालत जरा भी नहीं सुधरी है अतः उनमें अपनी आर्थिक बदहाली के प्रति जागरूकता आ रही है और वे अपनी बिरादरी से अब तक के नेता रहे लोगों के खिलाफ जाने को उठ रहे हैं। आखिरकार, आज के किसान नेता कल तक के द्रमुक और अद्रमुक समर्थक लोग ही हैं। इस प्रकार जातिवादी आत्मरति यानी जातिवाद स्वयं टूट रहा है। भारत में आर्थिक संघर्ष या तो सामाजिक संघर्ष के साथ-साथ आएगा, या उसके बाद। इस सच्चाई को मार्क्सवादी व कम्युनिस्ट अभी भी समझ नहीं पा रहे हैं। मसलन, हरिजनों और भूमिहीनों के आन्दोलन द्विस्तरीय विद्रोह हैं : एक तो सामाजिक दमन-उत्पीड़न के खिलाफ, दूसरे आर्थिक शोषण के खिलाफ। जब

तक कि ऐसे संघर्ष पूरी तरह आर्थिक नहीं होते, इनमें लगे लोग पार्टियों की सीमाओं को अतिक्रांत करेंगे ही। पर, जैसे ही ये संघर्ष मुख्यतः आर्थिक हो जाएँगे, वैसे ही इन्हें अपनी खुद की राजनीति के बारे में सोचना होगा।

असलियत यह है कि इन दिनों देश में जो भी जनांदोलन गतिशील हैं, सभी की यही स्थिति एवं नियति है, चाहे वे ये किसान आन्दोलन हों या ओडिशा का छात्र आन्दोलन हो अथवा असम आन्दोलन हो या कि झारखंड आन्दोलन। ये सभी मुख्यतः स्वतः स्फूर्त, असंगठित और रूढ़ अर्थों में अराजनीतिक आन्दोलन हैं। ये सभी आन्दोलन अपने ही ढंग की राजनीति को उभार रहे हैं। वह आगामी कल की, भविष्य की राजनीति हो सकती है, जो कि श्रीमती गांधी की तानाशाही और विपक्ष के लोकतंत्र के छद्म ध्रुवीकरण का अतिक्रमण कर विकसित होगी।

[फरवरी, 1981]

शरद जोशी के साथ एक सेमिनार

विगत फरवरी 2 से 4, 1984 तक वाराणसी के गांधी विद्या संस्थान के तत्वावधान में 'आज के किसान आन्दोलन' विषय पर एक सेमिनार आयोजित हुआ था। सेमिनार की एक विशेषता यह थी कि चर्चा में विभिन्न राज्यों से आए हुए किसान आन्दोलन के नेताओं के साथ-साथ राजनीतिशास्त्र, समाजशास्त्र, अर्थशास्त्र तथा भौतिक विज्ञान के विद्वान लोग उपस्थित थे। महाराष्ट्र, पंजाब, हरियाणा, मध्यप्रदेश, उत्तरप्रदेश के किसान आन्दोलन के नेता आए हुए थे। कर्नाटक और तमिलनाडु का नेतृत्व उपस्थित नहीं था। कर्नाटक के नंजुदास्वामी और रवि वर्मा 'रेल रोको' आन्दोलन में गिरफ्तार हो चुके थे।

राज्यों के संगठन और आन्दोलन की वर्तमान स्थिति पर कई परचे पढ़े गए। उन पर चर्चा के बाद कार्यक्रमों और वैचारिक पहलुओं पर भी बहस हुई। बहस में मतों का संघर्ष हुआ। कटूक्तियाँ भी थीं। 'किसानों' और 'विद्वानों' के बीच इस प्रकार का विचार-विनिमय पहली बार हो रहा था। इसलिए कुछ असहिष्णुता स्वाभाविक थी। लेकिन बुद्धिजीवियों के द्वारा आलोचना से शरद जोशी बहुत ज्यादा नाराज होते थे, उनकी असहिष्णुता के कारण कई लोगों को अपना वक्तव्य बन्द करना पड़ा। किसान नेताओं के बीच आपस में कोई मतभेद नहीं था, उस तरह की बहस यह थी भी नहीं। विवाद की उत्तेजना सिर्फ बुद्धिजीवी और शरद जोशी (किसान नेता) के बीच थी। शरद जोशी खुद एक बुद्धिजीवी हैं, विश्व बैंक के अधिकारी पद पर रह चुके हैं, अर्थशास्त्र के जानकार हैं और अंग्रेजी में अर्थशास्त्र सम्बन्धी लेख लिखते हैं। अंग्रेजी, मराठी और हिन्दी में भाषण दे सकते हैं। सेमिनार में उपस्थित प्राध्यापकों और बुद्धिजीवियों के प्रति उनका यह आरोप था कि किसानों को पढ़ाने की उनकी कोशिश एक धृष्टता है। किसानों को उनके मार्गदर्शन की कोई जरूरत नहीं है क्योंकि किसान खुद अपना मार्गदर्शन कर सकता है। इस प्रकार की टिप्पणी से कई लोग दुःखी हुए, कारण कुछ बुद्धिजीवी अपनी सीमाओं को जानते हुए आन्दोलन के नेताओं से विचार-विनिमय के लिए आए हुए थे।

इस प्रकार के कटु सम्बन्ध के बावजूद सेमिनार में जितनी बहस चली, उससे यह बात उभरकर आई कि किसान आन्दोलन न खत्म होनेवाला है न इसका रूप और विचार सब जगह एक जैसा होनेवाला। कम से कम प्रारम्भिक काल में किसान आन्दोलन के विभिन्न रूप और विचार होंगे। अभी हाल में पटना विश्वविद्यालय के एक छात्रनेता (श्री प्रेमचन्द सिन्हा), जो बिहार आन्दोलन में से निकले थे और एक प्रगतिशील संगठन में सक्रिय थे, उनकी हत्या 'भूमि सेना' नाम के संगठन द्वारा हुई। यह किसानों का ही संगठन है लेकिन इसका लक्ष्य

मजदूरों की संगठित हिंसा को अपनी संगठित हिंसा के द्वारा कुचलना ही है। किसानों की आर्थिक या सामाजिक माँगों को लेकर सरकारी, शहरी या औद्योगिक स्वार्थों के विरुद्ध संघर्ष करना इसका लक्ष्य नहीं है, इसलिए इसके आन्दोलन को हम किसान आन्दोलन नहीं मानते हैं। परन्तु यह किसानों का ही संगठन है। तमिलनाडु और कर्नाटक किसान संगठनों का घोषित उद्‌देश्य है हरिजनों, भूमिहीनों को अपने आन्दोलन का हिस्सेदार बनाना। कभी-कभी उनकी ओर से भूमिहीनों के प्रति उदासीनता दिखाई देती है, लेकिन कभी-कभी वे भूमिहीनों की माँगों के लिए लड़ते भी हैं। यह कहने का समय नहीं आया है कि आन्दोलन के संचालन में भूमिहीनों की हिस्सेदारी है, लेकिन उनको साथ ले चलने की इच्छा है।

वाराणसी सेमिनार में किसान-मजदूर सम्बन्ध के बारे में चर्चा नहीं हो सकी। फिर भी कुछ टिप्पणियाँ हुईं। कंझावला प्रसिद्ध समर सिंह 'समर' के वक्तव्य पर आलोचनात्मक टिप्पणी थी। कुछ बुद्धिजीवियों ने यह कहा कि भूमिहीनों की संख्या बहुत बढ़ रही है, इसलिए ग्रामीण मजदूरों का आन्दोलन ही अधिक महत्त्वपूर्ण है। किसान आन्दोलन उस तबके के लिए चलाया जा रहा है जिनके पास 'अतिरिक्त पैसा' यानी 'सरप्लस' है। इस विवाद पर विस्तृत बहस की अपेक्षा थी। लेकिन शरद जोशी के कारण नहीं हो पाई। एक बार आन्दोलन के नेताओं और विद्वानों के बीच इस पर बहस हो जानी चाहिए। जमकर बहस होगी तो उससे विद्वानों का कल्याण हो जाएगा और किसानों का भी फायदा है। किसानों का कोई नया नुकसान बहस से नहीं होगा, क्योंकि कोई भी आधुनिक शास्त्र किसानों के पक्ष में नहीं है। अगर बहस होगी तो यह बात सामने आएगी कि ये शास्त्र भारत के लोगों और वास्तविकता से कटे हुए हैं। अर्थशास्त्र ने अभी तक किसानों का अध्ययन एक समूह के तौर पर नहीं किया है। उसकी दृष्टि में किसान या तो भूस्वामी है और प्रतिगामी है, या फिर उनके कुछ लोग इतने दरिद्र हैं कि उनको मजदूर आन्दोलन में शामिल हो जाना चाहिए।

भारत के सारे शास्त्र बचकाने हैं। किसान नेताओं से बार-बार संवाद होगा तो कुछ बुद्धिजीवी तथ्यों को समझ पाएँगे और न सिर्फ किसानों के पक्षधर होंगे, बल्कि सत्य को शास्त्र में शामिल करके ख्याति प्राप्त करेंगे। किसानों का अपना सत्य इतना मजबूत है कि वे बुद्धिजीवियों के एक हिस्से को अपनी तरफ कर सकेंगे।

अर्थशास्त्र कितना अपरिपक्व है कि अभी तक किसानों को पिछड़ा, प्रतिगामी, शोषक आदि कहा जाता है, लेकिन किसानों का वर्ग निरूपण करने के लिए या उनके वर्ग-सम्बन्धों को निर्धारित करने के लिए कोई गम्भीर अध्ययन नहीं हुआ है। मार्क्सवाद की पद्धति को अपनाएँ तो किसी समूह की वर्गस्थिति का निरूपण करने के लिए राष्ट्रीय उत्पादन व्यवस्था के सन्दर्भ में उस समूह को देखना होगा। राष्ट्रीय अर्थव्यवस्था पर अन्तरराष्ट्रीय प्रभावों और नियंत्रण को भी समझना होगा। इस अन्तरराष्ट्रीय और राष्ट्रीय ढाँचे में देखना होगा कि किसानों की आर्थिक स्थिति और आर्थिक सम्बन्ध क्या हैं ? आज तक यह अध्ययन नहीं हुआ है। कुछ अर्थशास्त्री सिर्फ भूमिहीन मजदूरों की गरीबी के सन्दर्भ में किसानों का वर्ग निरूपण करते हैं—जो कि सम्पूर्ण रूप से अवैज्ञानिक और बचकाना है। जब राजनेता लोग किसानों को प्रतिगामी या शोषक कहते हैं, उनकी गलती क्षमणीय है क्योंकि उनका ज्ञान विद्वानों के अध्ययन पर निर्भर है। लेकिन अर्थशास्त्र के बुद्धिजीवी जब इस तरह की बात करते हैं, वह अक्षमणीय लगता है। देश की कुल आर्थिक व्यवस्था में उसके पूँजी निर्माण, मुनाफा और विलासी खर्च के साथ किसानों का क्या सम्बन्ध है, विभिन्न सम्पन्न वर्गों के साथ उसकी क्या तुलना है ? इन बातों का कोई अनुसंधान अर्थशास्त्र में नहीं हुआ है।

मजदूरों के बारे में किसानों की अपनी असहिष्णुता भी अपरिपक्वता का प्रमाण है। 'भूमि सेना' जैसा संगठन मजदूर को अपना शत्रु मानता है। ऐसा रुख बड़े किसान आन्दोलन में नहीं है। बड़े किसान आन्दोलन में जैसे-जैसे परिपक्वता आएगी, वैसे-वैसे भूमिहीनों का, सारे गरीब

ग्रामीणों का सहयोग प्राप्त करने की इच्छा होगी। जहाँ भी बड़े भूस्वामी हजारों या सैकड़ों एकड़ जमीन के मालिक हैं, वहाँ मजदूर संघर्ष का औचित्य है। यह सिर्फ बेनामी जमीन की बात नहीं है। कॉफी, रबर, काजू, चाय आदि की खेती में अभी तक कोई हदबन्दी का कानून नहीं बना है। कम्युनिस्ट सरकारें भी नहीं चाहती हैं। कर्नाटक का किसान आन्दोलन खुलेआम कॉफी बगानों के मालिकों की निन्दा करता है। सवर्ण बनाम हरिजनों, भूमिधर बनाम भूमिहीनों का अन्तर्विरोध इतना पुराना है कि उसको किसान आन्दोलन एकाएक नहीं मिटा सकता है। लेकिन किसान आन्दोलन जितना व्यापक और भौतिक परिवर्तन अभिमुख होगा, भूमिहीनों का असंतोष और आन्दोलन किसान आन्दोलन का प्रतिस्पर्धी न बनकर, पूरक बनता जाएगा। वृहत्तर ग्राम आन्दोलन का वह अंग बन सकता है।

सेमिनार में जितना विवाद हुआ उसमें से शरद जोशी के अपने विचारों के कुछ पहलू सामने आए। अपनी विचारधारा को विस्तार से प्रस्तुत करने के लिए उनको ज्यादा समय चाहिए। लेकिन सेमिनार में जितना सुनने को मिला उससे यह लगा कि किसान आन्दोलन में कई प्रकार के विचार और दृष्टिकोण पनप सकते हैं। लेकिन निरन्तर बहस तथा उसके साथ विद्वानों और विशेषज्ञों के जुड़ने से बहुत सारी भिन्नताएँ मिट जाएँगी और किसान आन्दोलन की एक विचारधारा बनेगी। शरद जोशी के विचार भी अभी तक उनके व्यक्तिगत विचार हैं क्योंकि महाराष्ट्र शेतकारी संगठन में भी उन पर विधिवत ढंग से बहस नहीं हुई है, न इन प्रश्नों पर संगठन का कोई लिखित प्रस्ताव या दस्तावेज है। जब एक बुद्धिजीवी ने यह वक्तव्य दिया कि भारत जैसे मुल्क पश्चिमी आर्थिक पद्धतियाँ अपनाकर गलती कर रहे हैं क्योंकि भारत कभी भी अमरीका नहीं बन सकेगा, तो शरद जोशी का प्रस्ताव यह था कि अगर कृषि उपज का दाम सही ढंग से मिलने लगा तो 25 साल में भारत

अमरीका के आर्थिक स्तर पर पहुँच जाएगा। घोर पूँजीवादी लोग भी ऐसी बात आजकल नहीं कह पाएँगे। कम्युनिस्ट लोग भी पश्चिम की तकनीक को अपनाने के पक्ष में हैं। रूसी क्रान्ति के 68 साल के बाद और खासकर चीन के अनुभव के बाद कम्युनिस्ट लोग भी ऐसा दावा नहीं कर सकेंगे। शायद शरद जोशी का यह उत्साह मात्र है। किसान आन्दोलन को सफल कराने की व्यस्तता में शायद उन्होंने अभी तक सारे पहलू पर विवेचन नहीं किया है। एक ग्राम प्रधान देश के आर्थिक विकास की पद्धति क्या हो, और उसके तार्किक परिणाम क्या-क्या होते जाएँगे–इन बिन्दुओं पर पूर्णांग बहस की जरूरत है।

कुछ युवा वैज्ञानिक भी सेमिनार में आए थे। ये सारे लोग प्रतिभाशाली हैं और एक वैकल्पिक विज्ञान पद्धति का निर्माण करना चाहते हैं। उनकी स्थापना है कि तकनीक अर्थव्यवस्था के अनुरूप बनाया जाता है, इसलिए यूरोप-अमरीका की अर्थव्यवस्था के अनुरूप एक तकनीक बना है। सिर्फ तकनीक नहीं वैज्ञानिक चिन्तन भी उसी के साथ जुड़ा हुआ है। यूरोप-अमरीका से भिन्न एक अर्थव्यवस्था का निर्माण जिस तरह जरूरी है, उसी तरह एक वैकल्पिक तकनीक और वैज्ञानिक चिन्तन भी जरूरी है। इससे भी शरद जोशी असहमत थे, हालाँकि उपरोक्त स्थापना इतनी मौलिक है कि उसको विश्वसनीय बनाने के लिए दर्शन, विज्ञान, अर्थशास्त्र और समाजशास्त्र की बहस साथ-साथ चलानी पड़ेगी। जो भी हो, किसान आन्दोलन में वैज्ञानिकों का इस तरह जुड़ना एक महान आन्दोलन का संकेत करता है। मद्रास केन्द्रित इस विज्ञान मंच (देशभक्त जनाभिमुखी विज्ञान और तकनीक–पी.एस.टी.) के बारे में जोखिम उठाकर हम यह भविष्यवाणी कर सकते हैं कि आज से कई दशकों के बाद विज्ञान में ऐसी क्रान्ति आनेवाली है, जो तीसरी दुनिया के बुद्धिजीवियों को हीनभावना से मुक्त करेगी। वैज्ञानिक कारणों को बगैर जाने ही भारत के किसानों ने अभी तक यूकेलिप्टस को सन्देह की दृष्टि

से देखा है। यह फसलवाली जमीन को सुखा देती है, यह खेतिहर को पैसे की लालच दिखाकर अनाज की खेती से हटाकर यूकेलिप्टस के उत्पादन में लगाना चाहता है जो अन्ततोगत्वा देशी-विदेशी उद्योगपतियों के काम में आएगा। यह न फूल उगानेवाला, न फल उगानेवाला पेड़ है। कर्नाटक किसान आन्दोलन ने यूकेलिप्टस को उखाड़ फेंकने का एक कार्यक्रम चलाया था। शरद जोशी इस राय से असहमत थे। यह स्वाभाविक है कि सरकार के साथ लड़ाई में सरकार को ही परेशान करने के लिए कहीं-कहीं किसान नेता यह सोच सकते हैं कि अगर सरकार हमें उचित मूल्य नहीं दे रही है तो हम देशवासी के लिए क्यों अनाज पैदा करें ? वह दूसरे देशों से खाना मँगाए। यूकेलिप्टस या ऐसे तम्बाकू ही उत्पादन करें जिसके लिए उद्योगपति ज्यादा पैसे देंगे। अभी महाराष्ट्र के शेतकारी संगठन ने कुछ ऐसे आह्वान का प्रस्ताव किया है कि किसान अनाज की खेती को कम कर दें। सम्पूर्ण प्रस्ताव अभी तक हमें उपलब्ध नहीं हुआ है। उपलब्ध होने पर इसकी चर्चा करेंगे। लेकिन इस प्रकार के सोच के कुछ गलत परिणामों के बारे में अपनी आशंका हम व्यक्त कर देना चाहते हैं। (1) इस प्रकार के कार्यक्रम से हम किसानों को गैर-अनाज खेती में आदत डलवाएँगे, जहाँ से ज्यादा पैसे का लालच रहेगा। परिणामस्वरूप सरकारी नौकरशाही के उस गुट को बल मिलेगा जो चाहता है कि भारत अमरीका पर अनाज के लिए भी निर्भर हो जाए और खुद आत्मनिर्भर न हो सके। (2) आन्दोलन की यह हार हो जाएगी, क्योंकि हम अनाजों के उचित मूल्य की माँग करते हैं—अनाज पैदा करना ही बन्द कर रहे हैं तो हमारी मुख्य माँग ही खत्म हो जाती है। माँग पूरी करने की जरूरत ही क्या है ? (3) किसान और देशवासी अभी तक अभिन्न हैं। इसलिए देशवासी और कहीं जाकर अनाज खाएँ—कहना बहुत अटपटा होगा। सम्पूर्ण रूप से यह कभी भी नहीं होगा। लेकिन किसान आन्दोलन की गलत नीति से एक ऐसी स्थिति पैदा हो सकती है जो हमारे

उद्देश्यों के विपरीत है। जब यूकेलिप्टस या सोयाबीन ज्यादा मात्रा में पैदा होने लगेगा तब देशी-विदेशी उद्योगपति उसको सस्ते में लेने के लिए संगठित हो जाएँगे, खेती सम्पूर्ण रूप से उनके अधीन हो जाएगी। अभी तक खेती पूँजीपतियों के सम्पूर्ण अधीन नहीं है। इसलिए किसान आन्दोलन सिर्फ किसानों का ट्रेड यूनियन नहीं है। देश और जनता के नए भविष्य के निर्माण के लिए सामाजिक-आर्थिक व्यवस्था परिवर्तन का यह एक आन्दोलन है। यह सम्भावना है कि हार की घड़ी में किसान नेता कभी-कभी भटक सकते हैं। लेकिन यही लक्ष्य है जो भारत के किसान आन्दोलन को ऐतिहासिक महत्त्व प्रदान करता है।

[मार्च, 1984]

टिकैत का किसान आन्दोलन

उत्तर प्रदेश के भारतीय किसान यूनियन का किसान आन्दोलन और उनके नेता महेन्द्र सिंह टिकैत सारे देश के किसानों के लिए प्रेरणा-केन्द्र बने हुए हैं। टिकैत का व्यक्तित्व, टिकैत का चेहरा भी चर्चा का विषय है। नेता का बोलचाल और चेहरा इसके पहले कभी गाँव के आम आदमी की बोलचाल और चेहरे के साथ इतना एकाकार नहीं हुआ था। डॉ. लोहिया ने अपने मरने के पहले शायद ऐसा कुछ कहा था, 'इसके बाद भी नेता होंगे, गाँव के नेता आएँगे।' निर्दलीय किसान आन्दोलनों के पिछले दस साल में एक बड़े पैमाने पर गाँव के नेता उभरे हैं। राजनीति की समीक्षा और अध्ययन करनेवालों ने

इसका मूल्यांकन अभी तक नहीं किया है कि राजनीति पर इसका प्रभाव अभी तक क्या हुआ, और उसका उपयोग किस दिशा में हो सकता है। समाज में जब कोई सुप्त शक्ति जागृत होती है, अपने आप उसका परिणाम बहुत कल्याणकारी नहीं होता है, क्योंकि नवजागृत शक्ति पहले से बने-बनाए मूल्यबोध और लक्ष्यबोध के तहत ही अपना संचालन करती है। यह काम राजनेता और बुद्धिजीवी का होता है कि नई शक्तियों को देखकर उसके दिमाग में कुछ नए क्षितिज खुलें और नवजागृत शक्तियों को वह दिशा देने की कोशिश करे।

इसका उलटा हो रहा है। नई शक्ति की जागृति से राजनेता और बुद्धिजीवी दोनों को लग रहा है कि उनसे बढ़कर कोई आ गया है। वे त्रस्त हैं। उत्तर प्रदेश जैसे मजबूत कांग्रेसी राज्य की सरकार के खिलाफ किसानों का आक्रोश देखकर राजीव गांधी का आतंकित होना और योजना आयोग को नया-नया निर्देश देना स्वाभाविक है। लेकिन विपक्षी नेताओं का हतप्रभ होना हास्यास्पद है। लगभग हरेक राजनीतिक नेता के मन की बात यह है कि कांग्रेस सरकार अगर टिकैत को दबाए तो अच्छा होगा, हम जातिवाद, गुंडावाद आदि हथकंडों का इस्तेमाल कर चुनाव जीत लेंगे। अजीत सिंह की सबसे बड़ी परेशानी यह है कि पश्चिम उत्तर प्रदेश के जाटों ने अपनी जातीय पहचान को किसानवाली पहचान के आगे झुका दिया है। जाति की राजनीति करनेवालों के लिए वर्ग की राजनीति करना मुश्किल पड़ रहा है। लोकदल (अ) का जनता पार्टी में विलयन किसान आन्दोलन का ही एक परिणाम है। देश की सारी प्रमुख अंग्रेजी पत्रिकाओं ने (*संडे वीक, इंडिया टुडे, इलस्ट्रेटेड वीकली* आदि) यह चर्चा चलाई कि टिकैत कहीं न कहीं राजीव गांधी के द्वारा परिचालित हो रहे हैं। विपक्षी नेताओं की प्रतिक्रिया पर उनका अनुमान आधारित है।

जो लोग किसान आन्दोलन को धनी किसानों का आन्दोलन कहते हैं, उनके दिमाग में किसान और धनी किसान पर्यायवाची शब्द हैं।

ऐसे दिमाग को भी मेरठ आन्दोलन से एक झटका लगा होगा। उन्हें यह समझना पड़ेगा कि अगर हरित क्रान्ति से मिली सम्पन्नता को और अधिक बढ़ाने का यह आन्दोलन है तो ये लाखों 'सम्पन्न' किसान एक अनपढ़, गँवार आदमी के पीछे क्यों चल रहे हैं ? शादी-ब्याह पर होनेवाले खर्च को टिकैत ने यहाँ तक घटा दिया है कि बारात में दस आदमी से अधिक चल नहीं सकते हैं। क्या सम्पन्नता से अधिक सम्पन्नता की ओर जानेवाला भारतीय समाज का कोई वर्ग इस नियम को थोड़े समय के लिए भी अपना सकता है ?

आखिरकार यह धनी किसान कौन है, कहाँ है, कितना है ? क्या वह धनी व्यापारी, धनी अफसर, धनी राजनेता जैसा रहन-सहनवाला है ? या 'धन' की परिभाषा किसानों के लिए अलग है ? बाजार में अनाज बेचनेवाले को 'सरप्लस' किसान कहा जाता है, इस हिसाब से सिर पर पगड़ी बाँधना 'सरप्लस' कपड़े का निशान होगा, एक साइकिल खरीदना भी 'सरप्लस' क्रयशक्ति का ही लक्षण होगा। भारतीय बुद्धिजीवियों ने इसी प्रकार से एक धनी किसान की कल्पना की है। शास्त्र का अनुशासन भी भारतीय बुद्धिजीवी मानता नहीं है। गाँव के बारे में भारत का सारा शास्त्र स्वेच्छाचारी है। हम याद दिलाना चाहेंगे कि 1964 में जब राममनोहर लोहिया ने लोकसभा की एक बहस के दौरान गरीबों की संख्या का एक हिसाब बताया, तब तक भारत के बुद्धिजीवियों ने गरीबी और गरीबों की आकलन सम्बन्धी एक भी पुस्तक नहीं लिखी थी। श्री दांडेकर की किताब काफी बाद में प्रकाशित हुई। अभी तक गरीबी से सम्बन्धित शास्त्रीय अध्ययन छिछले स्तर पर चल रहा है क्योंकि वास्तविकता को देखकर भागने की प्रवृत्ति बनी हुई है हमारे बुद्धिजीवियों में।

किताब लिखनेवाले और वामपंथी राजनेता दोनों महेन्द्र सिंह टिकैत से एक सवाल पूछते हैं—तुम भूमिहीनों के बारे में क्या कर रहे हो ? दिमागी दिवालियापन की यह हद मानी जानी चाहिए। टिकैत

कोई प्रोफेसर नहीं हैं, न उनमें सरकार बनाने की कोई महत्त्वाकांक्षा है। इस प्रकार का सवाल तो सिर्फ प्रोफेसरों से पूछा जा सकता है या फिर सत्ता की राजनीति करनेवालों से पूछना चाहिए। टिकैत मानते हैं कि वे किसानों का एक ट्रेड यूनियन चला रहे हैं। रेल कर्मचारियों या डाक कर्मचारियों का ट्रेड यूनियन चलानेवाले नेता से कोई नहीं पूछता है कि तुम बीड़ी मजदूरों और रिक्शाचालकों के बारे में क्या कर रहे हो ? तो टिकैत से भूमिहीनों के बारे में क्यों पूछा जाता है ?

सवाल तो पूछा जाना चाहिए उनसे, जो पूरे समाज के लिए क्रान्तिकारी परिवर्तन का खाका पेश करते हैं। वामपंथियों के नक्शे में गाँव का भविष्य क्या हैं ? भूमिहीनों और कृषि मजदूरों का स्थान कहाँ है ? भारत की कम्युनिस्ट पार्टियों के प्रवक्ता निश्चित ही इन सवालों से भागना चाहेंगे। अगर जवाब देने के लिए उन्हें मजबूर कर दिया जाएगा तो उनका उत्तर इस प्रकार होगा–

(क) गाँव की तरक्की शहर के साथ-साथ या शहर से अधिक नहीं हो सकती है। शहर के पीछे गाँव को चलना पड़ेगा। (ख) क्रान्तिकारी परिवर्तन का अगुआ गाँव का कोई तबका नहीं होगा। बड़े कारखानों के आधुनिक श्रमिक अगुआ होंगे। भूमिहीन मजदूरों को उनके पीछे चलना होगा। (ग) क्रान्ति के बाद जो समाज बनेगा उसमें आय के हिसाब से और सुख-सुविधाओं के हिसाब से कृषि मजदूरों की स्थिति सबसे नीचे रहेगी–शहर के बाबू, कारखानों के मजदूर, खदानों के श्रमिक, इन सबके नीचे रहेगा कृषि मजदूर।

कृषि मजदूरों के प्रति किसान आन्दोलन का रुख इससे कतई बदतर नहीं है। किसान आन्दोलन में जो समाजवादी दृष्टिवाले हैं उनके नक्शे में तो शहर-गाँव की बराबरी होगी–उनकी बात छोड़ दें। किसान आन्दोलन का जो गैर-समाजवादी या गैर-राजनीतिक हिस्सा है उनके हिसाब से भूमियुक्त किसान आगे-आगे चलेगा, भूमिहीन मजदूर पीछे-पीछे चलेगा। यह बात कम्युनिस्टों की जैसी है। फर्क

इतना है कि कम्युनिस्ट कहता है भूमिहीन मजदूर कारखाना मजदूर के पीछे चले और किसान आन्दोलन का नेता कहता है कि किसानों के पीछे चले। कम्युनिस्ट क्रान्ति और किसान क्रान्ति दोनों के नक्शे में भूमिहीन मजदूर का महत्त्व दूसरे नम्बर पर है। इसलिए भूमिहीनों का सवाल उठाकर कोई कम्युनिस्ट बाजी नहीं मार सकता है।

यह कहना कि धनी किसानों को छोड़कर गरीब किसानों को अलग से संगठित होना चाहिए—भ्रामक उपदेश है, क्योंकि 'धनी किसान' अपरिभाषित है। गाँव में रहनेवाले और कृषि आय पर निर्भर रहनेवाले सारे किसानों की समस्या एक जैसी है। उनमें ज्यादा गरीब और कम गरीब तो होंगे ही, लेकिन सबकी गति दुर्गति की ओर है। सबका दरिद्रीकरण तेजी से हो रहा है। उनका शोषण करनेवाली शक्तियाँ और प्रक्रियाएँ भी एक हैं। रहन-सहन की सुविधाएँ सबकी घट रही हैं। अलग-अलग लड़ना सम्भव नहीं है। ऐसा कभी हुआ नहीं है कि दो एकड़वाले अलग संगठित होकर लड़ें और दस एकड़वाले अपना दूसरा संगठन बनाएँ। स्वाभाविक तो यह है कि सभी शोषित समूहों का जब विद्रोह होता है तब उसके अन्दर जो अधिक साधन सम्पन्न होता है वही नेतृत्व करने पहुँच जाता है। किसान आन्दोलन में वही हो रहा है। मेरठ का किसान गाजीपुर के किसान से या मध्यप्रदेश के आदिवासी किसान से ज्यादा संगठित है क्योंकि वहाँ संगठन के लिए प्रारम्भिक साधन आसानी से जुट जाता है। इस तथ्य से कोई इनकार नहीं कर सकता है कि मेरठ के आन्दोलन से ओडिशा के गरीब किसानों और मध्यप्रदेश के आदिवासी किसानों को भी प्रेरणा मिली है और वे एक समग्र किसान आन्दोलन के साथ जुड़ना चाहते हैं।

मेरठ आन्दोलन की सबसे महत्त्वपूर्ण बात उसकी हार है। इतने बड़े और अभूतपूर्व आन्दोलन के बावजूद किसानों की एक भी माँग पूरी नहीं हुई। किसान खाली हाथ लौट गए। माँगपत्र ऐसा नहीं था कि कुछ प्रमुख बातों को मान लेने पर क्रान्ति हो जाती। ऐसी माँग

पहले मानी गई है। टिकैत के आन्दोलन से सरकार को यह डर था कि इसकी माँग पूरी होने पर सारे देश में किसान आन्दोलन को एक प्रोत्साहन मिल जाएगा और किसान बार-बार अपनी जायज माँगों को लेकर भीड़ जुटाने लगेंगे। सरकार की आशंका सही थी। मेरठ का आन्दोलन सारे देश के किसानों के मन को इस ढंग से प्रभावित कर रहा था कि अगर माँगें भी पूरी हो जातीं तो किसान आन्दोलन की एक तीव्र लहर देशभर में उमड़ पड़ती और प्रशासन, सरकार तथा राजनीतिक दलों के लिए एक मुसीबत खड़ी हो जाती।

हिंसा भड़काकर भी टिकैत कुछ माँगों को मनवा सकते थे। 20 फरवरी को मेरठ से किसानों को गाँव लौटने के लिए कहा गया, तब अगर टिकैत लम्बे समय के लिए अकेले अनशन करने की घोषणा कर देते, तब एक हफ्ते के बाद सारे उत्तर प्रदेश में हिंसा भड़क उठती और शायद सरकार को समझौता करना पड़ता।

हमको मालूम नहीं कि टिकैत ने इस पर सोचा था या नहीं। ऐसा न करने के पीछे भावना यह रही होगी (या अवचेतन का यह तर्क रहा होगा) कि किसान आन्दोलन हिंसा भड़काने लगेगा तो आन्दोलन किसानों का नहीं रह जाएगा। किसान आन्दोलन को अगर किसान नेतृत्व के तहत रखना है तो हिंसा को बढ़ावा नहीं दिया जा सकता है। हिंसा भड़काने से कुछ तात्कालिक माँगें पूरी हो सकती थीं, लेकिन हमेशा के लिए आन्दोलन का चरित्र बदल जाता।

मेरठ की हार महत्त्वपूर्ण इसलिए है कि टिकैत और उनके साथियों को लम्बे समय की रणनीति तय करनी पड़ेगी। अगर जरूरी जायज माँगें पूरी नहीं होती हैं, माँगों के पीछे प्रबल जनसमर्थन के बावजूद माँगें पूरी नहीं होती हैं, तो इसका मतलब यह है कि राजनीति किसानों के खिलाफ संगठित है। शासक वर्ग किसानों के खिलाफ संगठित है और राजनीति शासक वर्ग का खिलौना है। टिकैत और उनके सहयोगियों को इस पर सोचना होगा कि इस राजनीति को खत्म कैसे किया जाए ? या तो राजनीति का विकल्प ढूँढ़ना होगा या नई राजनीति

अपने में से पैदा करनी होगी। 20 फरवरी की रैली में टिकैत ने महाराष्ट्र के शरद जोशी को नहीं बुलाया, उन्होंने कर्नाटक रैयत संघ के नंजुदास्वामी को बुलाया। शरद जोशी विपक्ष की राजनीति के साथ जुड़ रहे हैं, लेकिन नंजुदास्वामी ने अपने राज्य में किसानों की एक अपनी पार्टी बनाई है। यह एक नया प्रयोग है। क्या टिकैत ने जानबूझकर इसीलिए नंजुदास्वामी को आमन्त्रित किया?

[मार्च, 1988]

टिकैत और प्रोफेसर

'वार्ता' के नवम्बर-दिसम्बर, 1988 अंकों में डॉ. ईश्वरी प्रसाद (जवाहरलाल नेहरू विश्वविद्यालय) का लेख 'राजपथ पर विद्रोही किसानों का न्याय-युद्ध' छपा है। लेखक ने श्री महेन्द्र सिंह टिकैत के नेतृत्व की विशेषताओं को उभारते हुए भारतीय किसान यूनियन के अधूरेपन को रेखांकित किया है। डॉ. ईश्वरी प्रसाद शायद पहले यूनिवर्सिटी प्रोफेसर हैं, जिन्होंने भारतीय किसान यूनियन और उसके नेता टिकैत को एक जबरदस्त सकारात्मक धारा मानते हुए उनकी कमियों के प्रति हमारा ध्यान आकर्षित किया है। उनकी आलोचना का एक अंश इस प्रकार है–"टिकैत द्वारा संचालित किसान

आन्दोलन की कुछ आधारभूत बातें विचारणीय हैं। पहली, यह आन्दोलन राजनीति से अलग तथा राजनीतिज्ञों से छुआछूत का बर्ताव करता है। और दूसरी, इस आन्दोलन से, यदि यह सफल हुआ, भविष्य का क्या राष्ट्रीय ढाँचा बनेगा, यह नक्शा भारतीय किसान यूनियन ने साफ नहीं किया है। लेकिन जब यह प्रश्न सामने आता है तो श्री किशन पटनायक यह कहकर टालते हैं कि यह श्री टिकैत का काम नहीं क्योंकि वे न तो यूनिवर्सिटी के प्रोफेसर हैं और न सत्ता आकांक्षी नेता, किशनजी यह मानते हैं कि टिकैत द्वारा संचालित किसान आन्दोलन पूरे देश के लिए एक 'प्रेरणा केन्द्र' है क्योंकि 'नेता का चेहरा गाँव के आम आदमी के चेहरे के साथ इतना कभी एकाकार नहीं हुआ था' और यह आन्दोलन 'जनता और गाँव के स्तर पर समाज का नव-निर्माण है।' यदि ऐसी बात है तो वे ज्ञान अर्जक और समाज-निर्माता के बुनियादी भेद को आँखों से ओझल करते हैं। ज्ञान की उपासना एकान्तवास की स्थिति में होती है लेकिन समाज का निर्माण दुनियावी भीड़-भड़ाके से गुजरकर ही होता है। दोनों की विश्वदृष्टि में वही फर्क होता है जो रवीन्द्रनाथ टैगोर और महात्मा गांधी में था।

"किशनजी की इस प्रतिक्रिया में दो बातें गौण मालूम पड़ती हैं। पहली, यह प्रश्न सिर्फ वे नहीं करते जो टिकैत के आन्दोलन के विरोधी हैं तथा इसे धनी किसानों द्वारा अधिक लाभ प्राप्ति का एक अभियान मानते हैं। ऐसे प्रश्न उन लोगों के भी दिमाग में आते हैं जो इसके समर्थक हैं और कामना करते हैं कि किसान आन्दोलन सफल हो। लेकिन सफलता की कसौटी क्या हो, यह तो स्वाभाविक जिज्ञासा है। और दूसरी, टिकैत का किसान आन्दोलन, भारत में 40 वर्षों से चल रही सरकारी नीतियों के सन्दर्भ में, एक विपरीत धारा है। ऐसे आन्दोलनों की सफलता में एक भिन्न राष्ट्रीय व्यवस्था का राज निश्चित रूप से छिपा होता है। हर रचनात्मक आन्दोलन के सामने एक बेहतर व्यवस्था का लक्ष्य होता है।"

उपरोक्त उद्धरण से यह स्पष्ट है कि प्रोफेसर ईश्वरी प्रसाद की आलोचना रचनात्मक और किसान आन्दोलन के विकास के लिए सहायक है। मैंने टिकैत के जिन आलोचकों को लताड़ा था वे दूसरी धारा के प्रोफेसर हैं। मैंने उन वामपंथी शहरी बुद्धिजीवियों को तर्क से ध्वस्त करने की कोशिश की थी जो किसान आन्दोलन को धनी किसानों का आन्दोलन कहकर उसे प्रतिगामी सिद्ध करने की कोशिश करते हैं; वे टिकैत जैसे नेतृत्व को नकारात्मक और हास्यास्पद मानते हैं। किसी आन्दोलन की कमियों को बताना एक चीज है और उस आन्दोलन को दुश्मन घोषित करना दूसरी चीज है। विश्वविद्यालयों के वामपंथी प्रोफेसरों ने किसान आन्दोलन को दुश्मन घोषित किया है। अपने विद्वेष के कारण वे इस प्रकार के प्रश्न पूछते हैं, "भूमिहीनों और मजदूरों के सम्बन्ध में टिकैत की क्या नीति है ? व्यवस्था-परिवर्तन का दर्शन उसके पास है या नहीं ?"

इन लोगों के सवाल सुनकर तत्काल जो प्रतिक्रिया होती है, वह गुस्से की होती है। मुँह से निकलता है "टिकैत ने अगर ठेका लिया है तो सिर्फ किसान यूनियन का लिया है, भूमिहीनों का नहीं और ना ही दर्शन-वर्शन का वह धंधा करता है।" यह बात गुस्से की होने पर भी गैर-तार्किक नहीं है। अगर संयत भाषा में कहना होगा तो बात इस प्रकार है : अगर कोई समूह लम्बे समय से अत्याचार का शिकार होने के साथ अनपढ़ भी है तो उससे हम विद्रोह की अपेक्षा तो हमेशा रखेंगे, लेकिन उससे यह उम्मीद नहीं कर सकते कि आन्दोलन के शुरू होते ही वह राष्ट्र-निर्माण या व्यवस्था-परिवर्तन का नक्शा बताने लगे। कम्युनिस्ट शास्त्र की एक विडम्बना यह है कि वह कृषक समुदाय से विद्रोह की अपेक्षा नहीं रखता लेकिन उससे दर्शन की माँग करता है, जबकि उसके संस्थापकों का कहना है कि विद्रोह के पीछे-पीछे दर्शन आएगा। कम्युनिस्ट शास्त्र की एक बुनियादी गलतफहमी अभी तक बनी हुई है कि दलित, शोषित लोग अपने आन्दोलन के साथ-साथ व्यवस्था-परिवर्तन की सोच

बनाने लगते हैं। अनुभव के डेढ़ सौ साल बाद उन्हें जान लेना चाहिए था (और अपने शास्त्र में आवश्यक संशोधन कर लेना चाहिए था) कि शोषितों के आन्दोलन और बौद्धिक आन्दोलन के संयोग से ही व्यवस्था-परिवर्तन की गति बनती है। अगर देश में कई तरह के शोषित आन्दोलन चल रहे हैं, फिर भी व्यवस्था- परिवर्तन की गति नहीं बन रही है तो निश्चित रूप से उसका कारण देश के बुद्धिजीवी समूहों के प्रतिगामी चरित्र में ढूँढ़ना होगा। आजादी के बाद करखनियाँ मजदूरों और शहरी कर्मचारियों का आन्दोलन उभार पर रहा। वामपंथी प्रोफेसरों का बौद्धिक सहारा इसको भी नहीं मिला। लेनिन की सारी चेतावनी के बावजूद यह आन्दोलन विशुद्ध अर्थवादी आन्दोलन हो गया, लेकिन प्रोफेसरों ने इसका विश्लेषण नहीं किया। अन्त में वामपंथी प्रोफेसरों के नेतृत्व में प्रोफेसरों का अखिल भारतीय काम बन्द आन्दोलन शुरू हुआ, यह विशुद्ध रूप से वेतन-वृद्धि आन्दोलन था। किसी ने उनसे नहीं पूछा कि तुम भूमिहीनों के बारे में क्या करते हो; या तुम्हारे किस दर्शन के तहत यह आन्दोलन हो रहा है। इसी तरह मजदूर-कर्मचारियों के आन्दोलन को वामपंथी बुद्धिजीवियों ने बाँझ और नकारात्मक बना दिया है।

मान लीजिए कि कहीं बाहरी नेताओं पर निर्भर न होकर आदिवासियों का विद्रोह होता है, तो क्या हम उनसे यह पूछेंगे कि तुम प्रोफेसरों के वेतनमान और अफगानिस्तान के बारे में क्या कहते हो। अगर इसका जवाब न दोगे तो तुम्हारा विद्रोह गलत है। व्यवस्था-परिवर्तन की दिशा बताने के लिए आन्दोलनकारियों को ऐसे सवालों के जवाब देने पड़ेंगे, जैसे औद्योगिकीकरण, राष्ट्रीयकरण, विकेन्द्रीकरण आदि। टिकैत कहेगा, "मैं इन शब्दों का अर्थ नहीं जानता। इन चीजों के बारे में कुछ सोच नहीं पाया हूँ।" तो क्या हम यह कहेंगे कि टिकैत पहले ग्रेजुएट बनकर आएँ और बाद में किसान नेता बनें। बिना ग्रेजुएट बने लाखों आदमी का नेतृत्व करना मानो एक गलती हो गई। एक पत्रकार ने इस तरह का

नीतिगत सवाल पूछा, तो टिकैत ने कहा, ‘‘हमें इसका कुछ पता नहीं; करेगा, परमात्मा करेगा।’’

‘‘परमात्मा कैसे करेगा ?’’

‘‘देख भइया, यह बीमारी तो अमीर और गरीब का अन्तर बढ़ने से है। तू बता दे इसका क्या रास्ता है, हमें तो परमात्मा ही दिखे है।’’

इसी से सबक लेना है कि गाँव के लोग; अनपढ़ और अशिक्षित लोग अपना आन्दोलन कर रहे हैं। जिन चीजों का अनुभव उन्हें नहीं है, उनके बारे में आप सवाल पूछेंगे तो वे आपसे कहेंगे, ‘‘आप हमें बताओ कि हम क्या करें।’’ अगर आप चाहते हैं कि जंगल और गाँव के लोग आन्दोलन करें और अपना नेतृत्व खुद करें तो बातचीत इसी तरह की होगी। इसी बातचीत को सार्थक संवाद का रूप देने के लिए प्रोफेसर को एक खास ढंग से काम करना पड़ेगा। प्रोफेसर लोगों को रवीन्द्रनाथ ठाकुर जैसा काम करना पड़ेगा।

डॉ. ईश्वरी प्रसाद ने गांधी और रवीन्द्रनाथ ठाकुर की जो मिसाल दी है, वह स्पष्ट नहीं होती है। अभी जो सम्बन्ध टिकैत और प्रोफेसरों का है, वह गांधी और रवि ठाकुर का नहीं है, बल्कि गांधी और सर तेजबहादुर सप्रू का है। दादाभाई नौरोजी और रमेशचन्द्र दत्त ने ब्रिटिश शासन में भारतीय देहातों के शोषण का जो अध्ययन किया उससे गांधी के आन्दोलन को पर्याप्त सहारा मिला, आधार भी मिला। आजादी के बाद देहातों का किस प्रकार शोषण हुआ है, इसका एक भी अध्ययन वामपंथी प्रोफेसरों ने नहीं किया है। किसी भी वामपंथी प्रोफेसर के साथ पाँच मिनट की बातचीत होने पर वह तीन बार ‘धनी किसान’ शब्द का इस्तेमाल करता है। अगर इस शब्द की परिभाषा पूछी जाए तो उसके मुँह से बोली नहीं निकलेगी। ‘धनी’ शब्द व्यय क्षमता की ओर इशारा करता है, जीवन स्तर की ओर इशारा करता है। भारतीय परिस्थिति में कितनी व्यय क्षमता या जीवन स्तर को लेकर धनी वर्ग को परिभाषित किया गया है ? विभिन्न राज्यों में धनी किसानों की संख्या क्या है ?

इन सवालों पर प्रोफेसरों ने अभी तक एक भी किताब नहीं लिखी है। भारतीय गाँवों का क्या भविष्य है, उनका अच्छा भविष्य किस तरह बन सकता है और उसका ढाँचा कैसा होगा—इस पर अभी तक एक भी किताब नहीं लिखी गई है। कोई अल्पशिक्षित, अर्धशिक्षित किसान नेता अगर इन सवालों पर अपनी नीति तय करना चाहेगा तो कौन-सी किताब को पढ़कर अपनी राय देगा ? परमात्मा के अलावा उसके पास ज्ञान का और कौन-सा स्रोत हो सकता है।

किसान आन्दोलन इस वक्त जिस स्थिति में है उसको एक स्वतःस्फूर्त विद्रोह या ट्रेड यूनियन की कोटि में ही रखा जा सकता है। उसका राजनीतिकरण कैसे होगा या उसका वैचारिक विकास कैसे होगा, इसका उत्तर परमात्मा ही दे सकेगा क्योंकि इस वक्त जो संगठित राजनीति और बुद्धिजीवी वर्ग हैं, वे सहायक सिद्ध नहीं हो रहे हैं। इस वक्त यही उम्मीद की जा सकती है कि गाँव और जंगल के अनपढ़ लोग अपने अन्दर से ही कुछ प्रोफेसर (यानी एक बुद्धिजीवी समूह) पैदा कर डालेंगे। अगर ऐसा नहीं हुआ तो यह निर्दलीय-अराजनीतिक किसान आन्दोलन बिखर सकता है। अगर बिखर जाएगा तो हमारे प्रोफेसर लोग और नेता लोग आह्लादित होकर कहेंगे, "हमारी भविष्यवाणी सही निकली।" इसलिए हम भविष्यवाणी करते हैं कि राजनीति और बौद्धिक वर्ग की अकर्मण्यता के कारण किसान आन्दोलन एक व्यर्थ अध्याय साबित हो सकता है। लेकिन इसकी भी सम्भावना है कि भारत का निर्दलीय-अराजनीतिक किसान आन्दोलन अपना एक बुद्धिजीवी समूह और अपनी एक राजनीति पैदा कर लेगा।

[1989]

बोट क्लब से उठे सवाल

विगत 2 अक्तूबर 1989 को दिल्ली के बोट क्लब पर करीब पाँच लाख किसान प्रतिनिधियों का विशाल जमावड़ा हुआ। तीन माह पहले 13-14 जुलाई को देश भर के निर्दलीय किसान संगठनों के एक सम्मेलन में अखिल भारतीय किसान यूनियन का गठन किया गया था। उसी के आह्वान पर किसानों की यह अखिल भारतीय पंचायत एकत्रित हुई थी। उत्तर प्रदेश, महाराष्ट्र, गुजरात, पंजाब से बड़ी संख्या में किसान आए थे। बिहार, ओडिशा, हरियाणा से भी काफी संख्या में प्रतिनिधि पहुँचे थे। तमिलनाडु, मध्यप्रदेश, उत्तर बंगाल, राजस्थान की टोलियाँ भी आई थीं। भीड़ की संख्या का पता लगाना अक्सर

गलत होता है; संख्या के द्वारा सभा की ताकत बताना भी भ्रामक है। लेकिन प्रत्यक्षदर्शी अखबारवालों का कहना था कि यह पंचायत हरियाणा के मुख्यमंत्री देवीलाल के जन्मदिन की रैली से काफी बड़ी थी। एक हफ्ता पहले विपक्षी दलों ने देवीलाल की हीरक जयंती मनाने के लिए इसी स्थान पर रैली की थी।

इतनी बड़ी पंचायत चल नहीं पाई, शुरू से ही बिगड़ गई। दो हिस्सों में बँट गई। दूसरे दिन दिल्ली के अखबारों ने समाचारों और चित्रों के द्वारा चिल्ला-चिल्लाकर प्रचारित किया कि किसान एकता छिन्न-भिन्न हो गई। एक विश्वस्त सूत्र से जानकारी मिली कि कुछ खास चित्रों को, जिसमें किसान नेताओं का झगड़ना दिखाई पड़ता है, छापने की हिदायत सरकारी सूचना विभाग द्वारा अखबारों को दी गई थी। अखबारों का प्रचार निराधार नहीं था, किन्तु विद्वेषपूर्ण था।

गाँव से आए किसान प्रतिनिधि इतनी बड़ी सभा देखकर अपनी ताकत और व्यापकता से प्रभावित हो चुके थे। देशभर के किसानों की एकता उनकी एक महान उपलब्धि थी। पंचायत के टूटने और बँटने से सभा तो बिगड़ गई, संगठन में भी दरार पड़ गई, लेकिन एकता का अहसास खतम नहीं हुआ। सभा को चला नहीं पाना नेतृत्व की असफलता थी। एक शानदार रैली का संचालन नहीं हो सका। इसकी निराशा थी। वापसी की यात्रा उदास थी। लेकिन किसान एकता की आकर्षक छवि जो मन में रह गई है, वह आगे के लिए एक बुनियाद साबित होगी। शायद आम चुनाव के बाद पुनः एक अखिल भारतीय किसान संगठन बनाने की प्रक्रिया शुरू होगी।

अखबारों ने महेन्द्र सिंह टिकैत को इस गड़बड़ी के लिए अधिक दोषी बताया। आए हुए किसान प्रतिनिधि इसके बारे में स्पष्ट नहीं थे। शरद जोशी और टिकैत पर सबकी निगाह थी। पंचायत का संचालन न कर सकने की असफलता पूरे नेतृत्व की थी। सभास्थल में जो विवाद हुआ, किसी एक के मान जाने से उसका समाधान हो सकता था। पंचायत का संचालन कैसे हो, मंच की व्यवस्था कैसी

हो—इसी पर विवाद था। अध्यक्ष मंडल इस पर एकमत नहीं था। टिकैत का कहना था कि मंच पर सिर्फ सभापति और संचालक बैठेंगे, नेतागण नहीं बैठेंगे। नेतागण नीचे बैठेंगे। जिसको बुलाया जाएगा वह मंच पर अपना भाषण देगा और लौटकर नीचे बैठेगा। यह उत्तर प्रदेश किसान संगठन की शैली है। टिकैत का यह भी आग्रह था कि मंच पर छाजन नहीं रहेगी, नेतागण भी लाखों लोगों की तरह धूप में बैठेंगे। शरद जोशी टिकैत का सुझाव मानने के लिए तैयार नहीं थे। महाराष्ट्र की शैली अलग है। उनका कहना था कि मंच पर सारे वक्ता बैठेंगे। यह एक मामूली विवाद था। दोनों में से कोई एक-दूसरे की बात को मान सकता था। कुछ लोग कहते हैं कि टिकैत को मानना था क्योंकि यह तो आम प्रचलन है कि नेता लोग मंच पर बैठते हैं। दूसरे लोग कहते हैं कि शरद जोशी ज्यादा पढ़ा-लिखा अनुभवी व्यक्ति है, उसी को मान जाना चाहिए था। नीचे बैठने से प्रतिष्ठा की तो हानि नहीं होती।

टिकैत के ऊपर यह भी आरोप है कि अखिल भारतीय संगठन उन्होंने बनवाया। शरद जोशी के घर जाकर उनको इसके लिए बाध्य किया। इसका मतलब है कि टिकैत जोशी को झेलने के लिए तैयार थे। लेकिन तीन महीना भी झेल नहीं सके। शरद जोशी पर भी एक गम्भीर आरोप है। जब जुलाई में अखिल भारतीय संगठन बन रहा था तब टिकैत ने बार-बार आग्रह किया कि संगठन का एक अध्यक्ष होना चाहिए। शरद जोशी इससे सहमत नहीं थे। जोशी का कहना था कि संगठन की जो समिति होगी (किसान समन्वय समिति) उसका कोई एक अध्यक्ष नहीं होगा, बल्कि सात सदस्यीय अध्यक्ष मंडल रहेगा। टिकैत को समझाने के लिए उन्होंने कहा था, "कलियुग में सामूहिक नेतृत्व चलता है।" यही निर्णय हुआ। बाद में टिकैत की गैरहाजिरी में जोशी ने महाराष्ट्र के विजय जावंधिया को समिति का अध्यक्ष घोषित कर दिया। इसी से टिकैत का सन्देह जोशी पर उभरने लगा था और दो अक्तूबर को इसका विस्फोट हुआ।

राजनीतिक दल इस तरह कभी नहीं लड़ते। बैठक आदि में तो लड़ते हैं, मार-पीट भी हो जाती है। लेकिन इतनी बड़ी रैली या आम सभा में वे लड़ते नहीं हैं। पहले अपना-अपना लच्छेदार भाषण दे देते हैं, बाद में रात की बैठक में एक-दूसरे को भद्दी गालियाँ देते हैं। किसान नेता तो बिलकुल गँवार साबित हुए जो इतनी बड़ी सभा में भाषण देने का मौका गँवाया। वे अनुभवहीन थे। तीन महीने पहले अखिल भारतीय संगठन बनाने में उन्होंने जल्दबाजी की थी। इसके पहले केवल राज्य-स्तरीय या जिला-स्तरीय संगठन थे। कर्नाटक, महाराष्ट्र और उत्तर प्रदेश में मजबूत राज्य-स्तरीय संगठन थे। लेकिन यह मजबूती सिर्फ भीड़ की थी। नेतृत्व व्यक्ति-केन्द्रित था। कर्नाटक, महाराष्ट्र, उत्तर प्रदेश में किसान संगठन बिलकुल व्यक्ति-केन्द्रित हैं। अपने संगठन में नेता को मसीहा का दर्जा मिला हुआ है। ऐसे नेताओं को मिलाकर एक अखिल भारतीय संगठन बनाना आसान काम नहीं है। कर्नाटक के नंजूदास्वामी इस बात को शायद जानते थे। इसलिए अखिल भारतीय संगठन से उन्होंने कर्नाटक को अलग कर दिया। शरद जोशी भी अखिल भारतीय संगठन बनाने के लिए सहमत नहीं हो रहे थे। लेकिन टिकैत का विश्वास था कि वह जोशी को मना लेंगे। जोशी को अखिल भारतीय अध्यक्ष बनाने का प्रस्ताव भी टिकैत ने जुलाई के दिल्ली सम्मेलन में रखा था। इससे लग रहा था कि सामूहिक नेतृत्व के लिए टिकैत अपने को तैयार कर रहे हैं। लेकिन दो अक्तूबर की घटना से यह साबित हुआ कि टिकैत भी इसके लिए तैयार नहीं हैं। व्यक्ति-केन्द्रित संगठन मौजूदा सारे बड़े किसान आन्दोलनों की एक मुख्य कमजोरी है। सबसे पहले तमिलनाडु में नारायण स्वामी नायडू के नेतृत्व में इस प्रकार का संगठन बना था। नायडू की मृत्यु के साथ-साथ संगठन में टूट हो गई और उसका प्रभाव घट गया। इस वक्त तमिलनाडु में किसान संगठन का उतना प्रभाव नहीं है जो नायडू के जमाने में था। कर्नाटक, महाराष्ट्र और उत्तर प्रदेश में भी यह

खतरा बना हुआ है कि किसी कारण अगर नेता नहीं रहेगा, तो संगठन भी खतम हो जाएगा।

इसका मतलब यह नहीं है कि अत्यधिक प्रभावशाली नेता नहीं होना चाहिए। अत्यधिक प्रभावशाली नेता गांधीजी थे, लेनिन भी थे। लेकिन उनका संगठन सिर्फ एक व्यक्ति द्वारा संचालित नहीं था। गांधी या लेनिन के साथ कई राष्ट्रीय नेता थे। गाँव से लेकर राज्य और राष्ट्र स्तर पर समितियाँ थीं। निर्णय समितियाँ करती थीं। संगठन का जाल होता था। इसके अलावा एक विचारधारा थी। कोई भी कार्यकर्ता इस विचारधारा का प्रतिनिधित्व कर सकता था। किसान संगठनों में न इकाइयों का जाल बना हुआ है, न इनकी कोई विचारधारा है। जिस तरह किसान आन्दोलनों का विकास हुआ है, नेता पहले उभरे हैं। अब उन्हीं का दायित्व है कि संगठन का एक ढाँचा गाँव, प्रखंड, जिला और राज्य स्तर पर बनाएँ। विचार और बहस के द्वारा एक विचारधारा को विकसित करें। वैसा अभी तक नहीं हुआ है। इस प्रकार के विकास के बगैर अखिल भारतीय संगठन तो बनना मुश्किल ही होगा। राज्यों के संगठन भी टूटेंगे। कर्नाटक, तमिलनाडु और पंजाब में राज्य संगठन टूट चुके हैं, दो हिस्सों में बँट चुके हैं।

विशाल भीड़ एकत्रित कर आन्दोलन करना किसान आन्दोलन की विशेषता भी है और कमजोरी भी है। किसान के खिलाफ प्रगतिशील तबकों में, शहरी बुद्धिजीवियों में एक जबरदस्त पूर्वाग्रह यह था कि वह छोटे स्तर का एक शोषक वर्ग है और लुप्त हो जानेवाला समूह है। विशाल भीड़ के प्रदर्शन के द्वारा ही इस पूर्वाग्रह का निराकरण हो रहा है। जब बिलकुल गरीब चेहरों और पोशाक में हजारों-लाखों किसान इकट्ठा होने लगते हैं तब यह प्रत्यक्ष दिखाई देता है कि यह एक गरीब समूह है, कोई शोषक समूह नहीं। यही जनसाधारण का मुख्य अंश है—इसको नजरअन्दाज नहीं किया जा सकता। अगर विशाल भीड़ का आन्दोलन न होता तो एक महत्त्वपूर्ण आन्दोलन के तौर पर किसान आन्दोलन को स्वीकृति न मिलती।

लेकिन हर काम के लिए भीड़ इकट्ठा करना न सम्भव है, न उपयोगी है। जब भीड़ नहीं रहती है तो लोग कहते हैं कि किसान आन्दोलन कमजोर हो गया है, खतम हो रहा है। जो काम विचारों के प्रचार द्वारा होता है, छोटे-छोटे कार्यक्रमों के द्वारा होता है, एक या दो-तीन कार्यकर्ताओं की टोली के द्वारा हो सकता है, वैसा काम होता नहीं है। भीड़ हर जगह और हर समय होती नहीं है। गरीबी अधिक होने पर भी भीड़ इकट्ठा नहीं हो पाती है। सिंचाईवाले इलाके में अधिक भीड़ होती है क्योंकि हरेक के पास साइकिल होती है, अनेक परिवारों में मोटरसाइकिल और ट्रैक्टर होते हैं। असिंचित इलाके में बस का किराया देने का पैसा नहीं होता है। हर परिवार में साइकिल भी नहीं होती है। शहर में जाकर एक बार के भोजन पर दस रुपया खर्च करने की ताकत नहीं होती है। इसलिए सूचना भेजकर भीड़ इकट्ठा करना सम्भव नहीं होता है। किसान आन्दोलन में जो विशाल भीड़ दिखाई देती है उसका बड़ा हिस्सा सिंचाई तथा 'नकदी' फसलवाले इलाकों का होता है। इसी तथ्य को समझे बगैर शहरी बुद्धिजीवी लोग कह देते हैं कि यह धनी किसानों का आन्दोलन है। गाँववाला अगर कंगाल नहीं है तो धनी दीखता है। शहरवाले के पास अगर मोटरकार नहीं है तो वह गरीब माना जाता है। सिंचाई के इलाके का औसत किसान कंगाल नहीं होता है।

देश की सत्तर फीसदी खेती असिंचित है। इसके किसान तेजी से कंगाल बन रहे हैं। ऐसे लोगों में उत्साह और उत्तेजना भी कम होती है। भीड़ इकट्ठा करने के तरीकों के द्वारा इनको संगठित नहीं किया जा सकता। अधिक नीचे जाकर पंचायत, प्रखंड के स्तर पर इनको संगठित करना होगा। संगठन का ऐसा तरीका अपनाना पड़ेगा जिससे गरीब परिवार का आदमी भी कार्यकर्ता और नेता बन सकेगा। असिंचित इलाकों में चावल, ज्वार, रागी जैसी फसल होती है। महाराष्ट्र में शरद जोशी ने चावल और ज्वार की खेती करनेवाले किसानों को संगठित कर उनका आन्दोलन करने की

कोशिश की थी। लेकिन वह सफल नहीं हुए, कारण उनका संगठन बनाने के लिए तरीके बदलने पड़ेंगे। टिकैत ने बिहार जाकर, पूर्वी उत्तर प्रदेश जाकर इन कंगाल किसानों को देखा है, लेकिन उनको विशाल पैमाने पर संगठित करने का कोई सफल प्रयास अभी तक नहीं हुआ है।

जब अखिल भारतीय किसान संगठन और आन्दोलन बनाना है तब अखिल भारतीय दृष्टि और विचार तैयार करना होगा। किसानों की अखिल भारतीय स्थिति क्या है, किसान की कंगाली खतम करने के लिए किस प्रकार की कृषि नीति, उद्योग नीति, विकास नीति अपनाई जाएगी ? किसानों की स्थिति को सुधारने के लिए कोका कोला और पेप्सी कोला की क्या भूमिका हो सकती है, हथकरघा उद्योग की क्या भूमिका हो सकती है, पंचायत कानून में क्या परिवर्तन हो सकता है ? ग्राम विकास का क्या अर्थ होगा, शहर और गाँव में कितना फर्क रखा जाएगा ? इन प्रश्नों पर विचार-बहस और निर्णय की प्रक्रिया चलाकर ही एक अखिल भारतीय दृष्टि और कार्यक्रम तैयार किया जा सकता है।

अन्त में, किसान आन्दोलन की एक बहुत बड़ी कमजोरी राजनीति को लेकर है। तमिलनाडु, कर्नाटक, महाराष्ट्र के किसान आन्दोलनों ने अपनी शुरुआत के दिनों में कसम खाई थी कि राजनीति उनके लिए अस्पृश्य रहेगी। अभी तमिलनाडु और कर्नाटक बिलकुल विपरीत छोर पर चले गए हैं। उन्होंने अपना-अपना राजनीतिक दल बना लिया है। वे चुनाव लड़ते हैं। कर्नाटक रैयत संघ ने चुनाव आयोग के नियमानुसार रैयत संघ और 'कन्नड़ देशा' दोनों को पंजीकृत कर दिया है। अगले विधानसभा चुनाव में कर्नाटक की सरकार बनाने का रैयत संघ का दावा है। शरद जोशी भी राजनीति के कई प्रयोग कर चुके हैं। राजनीतिक दलों के नेताओं को बुलाकर कई कार्यक्रम कर चुके हैं। टिकैत उनकी तुलना में नए हैं, उनका आन्दोलन तीन साल पुराना है।

टिकैत ने अभी तक अपना 'अराजनीतिक' चरित्र बरकरार रखा है। वह भी कहते हैं कि जब जरूरत होगी, 'अ' को हटा देंगे। चुनाव के बारे में कहते हैं कि मतदान के 15 दिन पहले बताएँगे कि क्या करना है। राजनीति के प्रति यह सारा आचरण–कर्नाटक से लेकर उत्तर प्रदेश तक–असन्तुलित है। किसान संगठन जानते नहीं हैं कि राजनीति में उनकी नीति और रणनीति क्या होगी। अभी की स्थिति में सारे देश में किसान आन्दोलनों की अलग-अलग राजनीति चल रही है। किसी भी जनआन्दोलन को अगर लम्बे समय तक चलाना है तो राजनीति के साथ एक सम्बन्ध बनाना ही होगा। उसके बगैर जनआन्दोलन का रूप ट्रेड यूनियनवाला ही रहेगा। ट्रेड यूनियन को भी बनाए रखने के लिए राजनीति का आश्रय लेना पड़ता है। या तो अपनी कोई राजनीति होगी या फिर किसी बनी-बनाई राजनीति का आश्रय लेना पड़ेगा।

राजनीति की जरूरत और अधिक हो जाती है, जब हम देखते हैं कि किसानों का स्वार्थ कई दूसरे स्वार्थों से सम्बन्धित है। मजदूरों का स्वार्थ, व्यापारियों का स्वार्थ, शहरी गरीब वर्ग का स्वार्थ–इन सबसे या तो टकराना है या समझौता करना है। किसानों के अच्छे भविष्य के लिए समग्र अर्थनीति, शिक्षानीति, परिवेश और तकनीक नीति में भी सुधार की जरूरत होगी। बगैर राजनीति के यह सब कैसे सम्भव है ? जहाँ भी बुनियादी ढंग से कानून बदलना होगा वहाँ राजनीति की जरूरत होगी। 'अराजनीतिक' शब्द का सिर्फ यह अर्थ हो सकता है–मौजूदा राजनीतिक दलों की संस्कृति और तिकड़म से अपने को अलग रखना। इस अर्थ में 'अराजनीतिक' रहना ठीक है। तब फिर एक नई राजनीति शुरू करनी पड़ेगी। हरेक क्रान्ति एक नई राजनीति शुरू करती है।

[नवम्बर, 1989]

खंड-2

किसान आन्दोलन : वैचारिक-राजनीतिक दिशा

- किसान विद्रोह का घोषणापत्र
- किसान राजनीति के सूत्र
- कृषक क्रान्ति और शास्त्रों का अधूरापन
- क्या किसान आन्दोलन मजदूर-विरोधी होगा
- क्रान्ति के लिए साझेदारी का सवाल

किसान विद्रोह का घोषणापत्र

हिन्दुस्तान में वामपंथियों खासकर समाजवादियों ने आजादी के बाद किसानों को एक गरीब तबके के रूप में संगठित करने का प्रयास किया। लोहिया ने किसानों की समस्याओं के बारे में एक लम्बा लेख भी लिखा था जिसमें उन्होंने इनके हल के लिए एक नई दृष्टि अपनाने और विकेन्द्रित व्यवस्था की बातें कही थीं। कम्युनिस्टों का किसानों की समस्याओं के बारे में रुख अन्तर्विरोधों से भरा था। वे किसानों को 'निम्न बुर्जुआ' (पेटी बुर्जुआ) मानते हैं। स्टालिन ने रूस में सरकारी खेती को चलाने के लिए बड़े पैमाने पर किसानों की हत्या भी करवाई। दूसरी ओर कम्युनिस्टों ने यह भी महसूस किया कि एक

ताकत के तौर पर इस तबके को अनदेखा भी नहीं किया जा सकता। लोहिया का कहना था कि औद्योगिक मजदूर अब सही माने में सर्वहारा नहीं रह गया, भारत जैसे देश में तो गरीब किसान और भूमिहीन किसान ही सही अर्थों में क्रान्तिकारी हो सकते हैं। लेकिन कम्युनिस्ट और समाजवादी, दोनों में से कोई भी, देश में असरदार किसान आन्दोलन नहीं चला पाया। कम्युनिस्टों में दृष्टि-दोष था और समाजवादी कभी भी अच्छे संगठनकर्ता नहीं रहे। कम्युनिस्टों ने औद्योगिक मजदूरों का अच्छा संगठन खड़ा किया लेकिन समाजवादी न तो मजदूर-संगठन खड़ा कर पाए और न ही किसान-संगठन। इस समय कम्युनिस्टों और समाजवादियों में से किसी का भी देश में किसानों का संगठन नहीं है। लेकिन इस बीच किसानों के स्वतःस्फूर्त आन्दोलन खड़े हो गए हैं। इन आन्दोलनों के जरिए किसानों की जिन परेशानियों और तकलीफों को जाहिर किया जा रहा है, उन सबका जिक्र लोहिया के उस लेख में है।

लेकिन समाजवादियों और कम्युनिस्टों के अलावा धनी और सामन्ती किसानों के एक प्रभावशाली तबके ने किसानों की ओर से राजनीति करने का हमेशा प्रयास किया है। इनका स्वार्थ साधारण किसानों की समस्याओं को उठाने में नहीं था। ये चाहते थे कि भूमि-समस्या का कोई प्रगतिशील हल न निकले, हदबन्दी और बटाईदारी जैसे कानून लागू न हों ताकि उनके स्वार्थ की रक्षा हो सके। इसलिए अलग-अलग पार्टियों में इनकी मजबूत लाबी (दबाव डालनेवाले प्रभावकारी समूह) रही। लेकिन गरीब किसानों की न तो कोई लाबी ही रही और न ही वे संगठित हो पाए। समाजवादियों और कम्युनिस्टों ने कहीं-कहीं बटाईदारों को संगठित किया जबकि स्वतंत्र पार्टी तथा कांग्रेस आदि पार्टियों ने सामन्ती और पूँजीवादी किसानों को संगठित किया। साधारण किसानों का बड़ा तबका असंगठित रहा। पिछले वर्षों में औद्योगिक मजदूरों, मध्यवर्गीय और निम्नवर्गीय सरकारी

कर्मचारियों ने अपनी माँगों को रखने के लिए अपने-अपने मजबूत संगठन बना लिए हैं। इन संगठनों की ताकत से बीच-बीच में ये वेतन, भत्ता, सुविधाएँ आदि बढ़वाते रहे हैं। कई राज्यों में भूमिहीन किसानों और बटाईदारों का भी अच्छा-खासा संगठित आन्दोलन चला है लेकिन साधारण किसानों की माँगें संगठित रूप से कभी नहीं उठाई गईं क्योंकि संगठित राजनीति ने—चाहे शासक पार्टी हो या विरोधी दल—कभी भी देश के इस विशाल तबके की समस्याओं को नहीं देखा। इसलिए इतने समय तक दबे रहने के बाद इनका विरोध स्वतः फूट पड़ा है। तमिलनाडु, कर्नाटक, महाराष्ट्र आदि से इनका असरदार विरोध दर्ज होने लगा है। तमिलनाडु ने किसानों पर कर्ज के बोझ का सवाल उठाया, कर्नाटक ने नाजायज और अत्यधिक टैक्स के मामले को उठाया और महाराष्ट्र ने खेत में उत्पादित वस्तुओं के दाम के सवाल को उठाया।

अभी तक ये आन्दोलन असंगठित, गैरराजनीतिक और स्वतःस्फूर्त हैं। जब ये आन्दोलन ठीक से संगठित हो जाएँगे और व्यवस्थित ढंग से इनकी माँगें सामने आएँगी तो तीनों राज्यों की अलग-अलग माँगें एकत्रित हो जाएँगी तथा उनमें और माँगें भी जुड़ जाएँगी। सवाल यह है कि इन आन्दोलनों को कैसे देशव्यापी और संगठित बनाया जाए तथा इनकी राजनीतिक दिशा क्या हो।

इसके वैचारिक पक्ष को देखें। पश्चिमी देशों की आर्थिक नीति, इस धारणा पर आधारित है कि मुख्य आर्थिक कार्य-कलाप औद्योगिक क्षेत्र में होगा, आबादी का बड़ा हिस्सा इसी क्षेत्र में लगेगा। इन देशों में खेती गौण कार्य-कलाप है, बहुत थोड़े लोग इस क्षेत्र में लगे हैं। इनमें खेती, व्यापार की प्रणाली पर चलती है जिसमें घाटा लगने पर सरकार पूरा करती है। ब्रिटेन जैसे देश इस बात की चिन्ता नहीं करते कि उनके यहाँ जरूरत भर अनाज की पैदावार होती है या नहीं। उनके पास इतना औद्योगिक धन है कि वे बाहर से अनाज खरीद सकते हैं। ये देश हमारे देश के नेताओं को यह सिखाते हैं कि वे उनकी

अर्थव्यवस्था की नकल करें।

यह एक विडम्बना ही है कि भारत ने गांधी को नहीं सुना और चीन अब माओ को नहीं सुन रहा है (चीन के नए नेता आधुनिकीकरण के नाम पर पश्चिमी अर्थव्यवस्था की नकल करने में लगे हैं)। भारत के किसान जब विद्रोह कर रहे हैं तो वे गांधी को समझ सकते हैं। सामान्य अवस्था में वे भी गांधी को नहीं समझते। गांधी की चेतावनी थी कि पश्चिमी अर्थव्यवस्था की नकल करने से हमारे देश में खेती-प्रधान अर्थव्यवस्था को उद्योग-प्रधान अर्थव्यवस्था में बदला नहीं जा सकता, नकल सिर्फ नुकसान कर सकती है। गांधी शहर और कारखाने के दुश्मन नहीं थे, वे चाहते थे कि योजना का केन्द्र गाँव बने। उसके सहारे के लिए अनुपात से शहर और कारखाने भी रहे।

1. किसान और व्यापारी

भारत के किसानों और व्यापारियों की अलग-अलग आर्थिक संस्कृतियाँ हैं। उनका सामाजिक दृष्टिकोण और आर्थिक तौर-तरीके अलग-अलग हैं। जैसे, व्यापारी और उद्योगपति एकाधिकारवादी ढंग से अपनी खरीद-बिक्री को संगठित करने में लगे रहते हैं। उनमें यह भावना रहती है कि दूसरा कोई न पनपे और खरीदार उनकी मर्जी पर ही रहें। वे इस तरह संगठित हैं कि अपने उत्पादन का दाम खुद तय कर सकें। वे यह नहीं देखते कि खरीदार की हालत क्या है। उन्हें केवल इस बात की चिन्ता रहती है कि अधिक से अधिक मुनाफा कैसे हो। दूसरी ओर किसान अपने उत्पादन का मूल्य खुद नहीं तय करता, मूल्य दूसरे लोग तय करते हैं। खरीदार की शक्ति और उसकी मर्जी के आधार पर खेती के उत्पादन का मूल्य तय होता है।

उद्योगपति और किसान, दोनों के लिए व्यापारी जरूरी है। उद्योगपति व्यापारियों को कसते रहते हैं इसलिए व्यापारी उद्योगपति

के मुकाबले बहुत कम मुनाफा बनाता है लेकिन किसानों का उत्पादन बेचकर वह किसानों से ज्यादा धनी बन जाता है क्योंकि किसानों का कोई नियंत्रण उस पर नहीं है। यह बात केवल अनाज के मामले में ही नहीं है, कुछ प्रकार की व्यापारिक फसलों और वन-उत्पादन पर भी लागू होती है। वन-उत्पादन को व्यापारी मुफतिया (यानी बहुत कम दामों पर) तौर पर ले जाते हैं और बहुत ही चढ़े दामों पर शहरों में बेचते हैं, जैसे–चिरौंजी, अंजीर, बीड़ी-पत्ता आदि। औद्योगिक उत्पादन में मुनाफा ही मूल उद्‌देश्य और प्रेरणा है जबकि खेती में समाज के हित का भी ध्यान रहता है। इसलिए हमें उन कठिनाइयों और बाधाओं को समझना होगा जिनका किसानों को सामना करना पड़ता है। हम लोग यह जानते हैं कि थोक मूल्य खुदरा मूल्य से सस्ता होता है यानी जब उत्पादक खुद बेचता है तो दाम कम रहता है। लेकिन औद्योगिक उत्पादकों को इसमें काफी कमाई होती है क्योंकि एक तो उनका उत्पादन बड़ी मात्रा में होता है, दूसरे थोक मूल्य वे खुद तय करते हैं। लेकिन औसत किसान का उत्पादन कम मात्रा में होता है और फिर दूसरी ओर उसे अपनी जरूरत के दिनों में उसी उत्पादन को खुदरा व्यापारी से महँगे दाम पर खरीदना पड़ता है। अपने उत्पादन को सस्ते में बेच देने के बाद जब किसान करखनियाँ माल खरीदने जाता है–पहनने का कपड़ा हो या खाद जैसा उत्पादन का साधन– तो उसे वह सर्वोच्च कीमत पर खरीदना पड़ता है, क्योंकि करखनियाँ माल का दाम कारखाने से बड़े शहर को, बड़े शहर से छोटे शहर को और वहाँ से देहाती बाजार तक आते-आते चार बार चढ़ जाता है। इस प्रकार हम देखते हैं कि बेचदार के रूप में किसान को बहुत कम दाम मिलता है जबकि खरीदार के रूप में उसे सबसे ज्यादा दाम देना पड़ता है। इन समस्याओं का हल खोजना होगा–जब किसान अपना माल बेचे तो उसे सही दाम मिलें, इसी तरह जब वह खरीदे तो उसे सस्ता मिले।

2. किसान उत्पादक के रूप में

अब आइए किसान को एक उत्पादक के रूप में देखें। जब एक उद्योगपति कुछ उत्पादन शुरू करता है तो वह यह असर डालने की कोशिश करता है कि सरकार और समाज को उसके उत्पादन की बहुत जरूरत है, इसलिए इतनी बड़ी देश-सेवा के लिए उसे सब तरफ से मदद मिलनी चाहिए। सरकार उसकी मदद को आती है और उसके उत्पादन में हर तरह का सहयोग देती है। आजादी के बाद नेहरू ने बिड़ला को बुलाया और अल्युमिनियम का एक कारखाना खोलने को कहा, क्योंकि देश को अल्युमिनियम की बहुत जरूरत है, आप कारखाना खोलिए, आपको हर तरह की सहायता मिलेगी। इस तरह बिड़ला को मुफतिया दर पर जमीन, बिजली और कर्ज दिया गया। आज वह कारखाना बिड़ला का सबसे ज्यादा मुनाफा कमानेवाला कारखाना है। यह कोई विशेष बात नहीं है, आम बात है। कारखानेदार को अपनी पूँजी भी नहीं लगानी पड़ती, वह महज 15-20 प्रतिशत पूँजी ही लगाता है बाकी बैंक और शेयर से आता है। शुरू में सरकार उससे टैक्स नहीं लेती, बिजली उसे सस्ते में देती है। जब कारखानेदार हल्ला करता है कि वह कष्ट में है, घाटा हो रहा है तो सरकार दौड़कर उनकी मदद करने जाती है। कारखानेदारों और उद्योगपतियों के यहाँ करोड़ों रुपए टैक्स बकाया है लेकिन उन पर कोई कार्रवाई नहीं होती है। इस तरह टैक्स के मामले में, कर्ज के मामले में और अन्य मामलों में सरकार उनकी बड़ी मददगार है। यही नहीं, किसी औद्योगिक इलाके में सड़क, डाकघर और स्कूल आदि नहीं हैं तो सरकार तुरन्त इन सबका इंतजाम करती है। खेती के बारे में सरकार की नीति उल्टी है। सूखा या बाढ़ से फसल मारी जाए तो किसानों को कोई रियायत नहीं मिलती—टैक्स में छूट नहीं मिलती, कर्ज में माफी नहीं मिलती। साधनों का भी यही हाल है। तीन-चौथाई खेती में सिंचाई का इंतजाम नहीं है जो खेती की प्राथमिक जरूरत है। टैक्स के मामले

में भी खेती में सरकार की नीति अन्यायपूर्ण है।

3. किसान मजदूर के रूप में

अब आइए किसान को एक मजदूर के रूप में देखें। उद्योग और सरकारी दफ्तरों में निम्नतम मजदूरी, वेतन, महँगाई-भत्ता आदि निश्चित है लेकिन किसानों को इस प्रकार की कोई सुविधा नहीं है। यह सही है कि एक तबके के रूप में भूमिहीन मजदूरों की हालत सबसे ज्यादा खराब है। लेकिन संगठित होने पर ये अपने लिए बनाए गए कानूनों का फायदा उठा सकते हैं। किसानों के लिए ऐसा कोई कानून नहीं है। इस तरह न तो उत्पादक के रूप में किसान को कोई मुनाफा मिलता है और न ही मजदूर के रूप में उसका कोई मेहनताना तय है। खरीदार के रूप में भी उसे किसी भी प्रकार की छूट नहीं है। उद्योग के मुनाफे में कई चीजों को ध्यान में रखा जाता है, जैसे पूँजी का सूद, मजदूरी, टैक्स, मशीनों की घिसाई, प्रबन्ध का खर्च आदि सबको उत्पादन के खर्च से जोड़ा जाता है। उत्पादन-खर्च पर मालिक और साहब के बँगले, फोन, हवाई जहाज का किराया, तरह-तरह के भोजों और उत्सवों का खर्च भी जोड़ा जाता है। यही नहीं, बड़े-बड़े उद्योगों में शोध और पूजा-पाठ के नाम पर भी करोड़ों रुपयों की छूट है। लेकिन इतने सब कुछ के बाद भी उद्योगपति सन्तुष्ट नहीं होते इसलिए उत्पादन के बाद वे माल का नकली अभाव कराकर उसे काला बाजार में अधिक मुनाफे पर बिकवाते हैं। अगर यह सब किसानों के उत्पादन के मामले में होने लगे तो चावल और गेहूँ 15-20 रुपए किलो बिके। दाम बढ़ाने और खरीदार को चूसने में किसान उद्योगपतियों से होड़ नहीं कर सकता। यह तरीका किसान की संस्कृति के खिलाफ भी है। वह ऐसा नहीं कर सकता। किसान को तो तय दाम भी नहीं मिलता। साधारण किसान में अपने उत्पादन को संग्रह करके रखने की क्षमता नहीं होती, अपने उत्पादन को उसे तुरन्त बेचना पड़ता

है। दूर-दराज के किसानों को तो सरकार द्वारा तय दाम भी अपने यहाँ नहीं मिलता। वे कस्बों में जाकर सरकारी खरीदार का इन्तजार नहीं कर सकते। इसलिए दो तरीके अख्तियार करने होंगे। चूँकि बेचदार के रूप में किसान कमजोर है, उसके लिए न्यूनतम दाम तय करना होगा और करखनियाँ माल पर अधिकतम दाम की सीमा लगानी होगी। खेती में लगनेवाले सारे खर्च और किसान की मेहनत व प्रबन्ध के मूल्यांकन के आधार पर ही खेती के उत्पादन का दाम तय करना होगा। उसे उचित दाम मिले, इसके लिए उसकी पहुँच के भीतर हर जगह गोदाम बनाना होगा, जहाँ उसके माल को खरीदने की हमेशा व्यवस्था रहे। यह गोदाम विशुद्ध रूप से सरकारी न हो। किसानों को सहकारी संगठनों के दायरे में लाना होगा और सरकार को इन गोदामों को बनाने के लिए पूँजी लगानी होगी।

4. दाम-नीति, कर-नीति

करखनियाँ माल के उत्पादन की लागत की जाँच करनी होगी। बीच-बीच में आम जरूरत की चीजों की लागत की घोषणा करनी होगी। आम जरूरत की चीजों का दाम लागत के ड्योढ़े से ज्यादा नहीं होना चाहिए। अगर दाम का यह आधार होगा तो चीनी का दाम दो रुपए किलो से ज्यादा नहीं पड़ेगा। अभी तक खेती के ही कुछ उत्पादनों का दाम तय करने के लिए सरकार ने आयोग बनाया है, जिसका नाम 'कृषि-मूल्य-आयोग' है। यह नाकाफी है। खेती और करखनियाँ, सब प्रकार की साधारण जरूरत की चीजों का दाम तय करने के लिए एक मजबूत आयोग बनाना होगा। किसानों को भी यह समझना चाहिए कि उनके उत्पादन का दाम तय होना ही काफी नहीं है बल्कि करखनियाँ उत्पादन का दाम भी तय होना चाहिए। बेचदार और खरीदार के रूप में किसानों के प्रति यह दृष्टिकोण हो तथा फसल के बीमा आदि की भी सुविधा उसे मिलनी चाहिए। उत्पादक के रूप में किसान को एक और

महत्त्वपूर्ण माँग उठानी होगी—वह माँग है सिंचाई की। पूरे देश में एक-चौथाई खेतों में ही सिंचाई का इन्तजाम है। आधे से अधिक किसानों का हाल दयनीय है। वे प्रकृति पर इतने निर्भर रहते हैं कि हर तीन साल में एक बाढ़ या सूखे या पाले से फसल मारी जाती है और बीज का दाम भी नहीं लौटता। सारे देश के किसानों की ओर से एक जोरदार माँग होनी चाहिए कि एक निश्चित अवधि में—सात साल या दस साल—हर खेत में पानी का इन्तजाम हो जाना चाहिए। सिंचाई सरकारी होनी चाहिए। निजी सिंचाई को प्रोत्साहित न किया जाए। सड़क और बिजली की तरह सिंचाई का इन्तजाम भी सरकारी हो। ऐसा न होने पर साधनवाले किसान अपने लिए सिंचाई का इन्तजाम कर लेते हैं लेकिन बाकी किसानों की हालत वैसी-की-वैसी रहती है। ऐसे किसानों के बीच आर्थिक गैर-बराबरी बढ़ती जाती है। तथाकथित हरित क्रान्ति में यही हुआ। जहाँ कहीं सरकार की ओर से सिंचाई का इन्तजाम हो वहाँ शुरू के तीन-चार साल तक सिंचाई का टैक्स नहीं लगना चाहिए क्योंकि यह समय किसानों को नया इन्तजाम करने तथा खेती के नए तरीके सीखने में लग जाता है। इसलिए खेती के समग्र विकास के लिए सरकार को टैक्स-नीति, कर्ज-नीति और ग्रामीण विकास-नीति में आमूल बदलाव लाना होगा। कानून के स्तर पर, नीति के स्तर पर और बजट के स्तर पर, इन सभी स्तरों पर व्यापक परिवर्तन जरूरी होंगे।

खेती में इन सारी नई नीतियों को लागू करने पर क्या नतीजा होगा, इसकी कल्पना करें। पहला नतीजा तो यही होगा कि शुरू के दस वर्षों में कृषि-क्षेत्र के लिए बहुत बड़ी पूँजी की जरूरत होगी और इसके लिए सरकार को दूसरे खर्च काटने होंगे। तो यह एक महत्त्वपूर्ण सवाल है कि खर्च कहाँ से काटा जाए ताकि खेती में इतने भारी पैमाने पर पूँजी लगे और किसानों की हालत सुधरे। हमें यह सूची बनानी होगी कि अभी हम किन-किन उत्पादों में पूँजी लगा रहे हैं और क्या-क्या इस्तेमाल कर रहे हैं। हमें इस सूची को दो हिस्सों में बनाना

होगा। देखना होगा कि कौन-कौन-सी ऐसी चीजें हैं जिनके उत्पादन में अभी पूँजी लगाई जा रही है लेकिन जो समाज के लिए जरूरी नहीं है। ऐसी चीजों के उत्पादन पर रोक लगानी होगी। उदाहरण के लिए बाजार में अभी तक खाना बनता और बिकता है। दो रुपए की थाली बिकती है और सौ रुपए की भी। बड़े शहरों के पाँचतारा होटलों में सौ रुपए से भी ज्यादा की थाली बिकती है। ऐसे में यह नियम बनाना होगा कि पाँच रुपए से ज्यादा की थाली कहीं नहीं बिकेगी। इसका मतलब बड़े होटल बन्द करने होंगे। इसी तरह टेलीविजन, वातानुकूलन-यन्त्र, मोटर-गाड़ी तथा ऐयाशी की अन्य चीजों का उत्पादन रोक देना होगा। जो चीजें बनेंगी उनका दाम तय होगा।

5. गाँव-केन्द्रित अर्थनीति

ऐसा होने पर लाखों-करोड़ों के मुनाफे के अभ्यस्त पूँजीपति कारखाने नहीं चलाना चाहेंगे। अगर वे कारखाने बन्द कर देंगे तो देश का नुकसान नहीं होगा बल्कि फायदा होगा। औद्योगिक माल दो तरह का होता है। एक तरह का माल सिर्फ बड़े कारखाने में ही तैयार हो सकता है, दूसरी तरह का माल बड़े, मध्यम और छोटे कारखानों में भी तैयार हो सकता है। आश्चर्य होगा कि शहर का आदमी सुबह-सुबह ब्लेड, साबुन, टूथ-पेस्ट, ब्रश आदि का जो इस्तेमाल करता है, वह सब विदेशी कम्पनियों में बनता है। जूता, दियासलाई, डिब्बे का दूध, टार्च-बैटरी यह सब भी विदेशी कम्पनियों का होता है। अगर इन चीजों का उत्पादन बड़े कारखानों द्वारा बन्द कर दिया जाए तो इन्हें ग्रामीण क्षेत्रों में भी बनाया जा सकता है। हर जिले और हर प्रखंड में इस तरह की चीजों को बनाने का कारखाना बन सकता है। अगर कोई यह सोचता है कि बाटा की तरह का जूता हमारे कारीगर नहीं बना सकते तो वह गलतफहमी में हैं क्योंकि बाटा कम्पनी अपने अधिकांश जूते कारीगरों से खरीदती है और उन पर अपना लेबल लगाकर कई गुना ज्यादा दाम पर बेचती है। अगर

हमारे गाँवों के कारीगरों को कर्ज और दूसरी सुविधाएँ मिलें तो वे भी बाटा की तरह का जूता बना सकते हैं। इसलिए हर जिले में एक जूता कारखाना या जूते के कई कारखाने होंगे या हर जिले में साबुन, दियासलाई, कपड़े आदि के एक या कई कारखाने होंगे बजाय इसके कि देश में इनके मुट्ठी-भर कारखाने हों।

अब फिर कल्पना करें कि ऐसा करने पर क्या-क्या हो सकता है। हर जगह किसानों के लिए खरीद-बिक्री की सहकारी संस्थाएँ होंगी। हर प्रखंड/जिले में साबुन, जूते, दियासलाई आदि के कारखाने होंगे। इस तरह इस प्रक्रिया के द्वारा देश की बेरोजगारी की समस्या का हल हो सकता है। हर जिले-प्रखंड में कारखाने खुलने लगेंगे तो हर इलाके में तकनीकी प्रशिक्षण के स्कूल खोलने की जरूरत होगी। ऐसी स्थिति में मैट्रिक पास करने के बाद लड़के या लड़कियाँ इन कारखानों के साथ जुड़कर काम सीख सकेंगे और बाद में यही उनका रोजगार हो जा सकता है। पढ़ाई के साथ-साथ वे काम भी कर सकेंगे। आज की पढ़ाई में शिक्षा अलग है और रोजगार अलग। लेकिन बदली व्यवस्था में इसका उल्टा होगा। आज की व्यवस्था में सब कुछ केन्द्रित है, पढ़ाई, कारखाना सब। इसलिए प्रशासन भी केन्द्रित है। आज मद्रास, पटना, लखनऊ या दिल्ली की सरकार ज्यादा ताकतवर है क्योंकि सब कुछ इन्हीं जगहों में केन्द्रित है। बदली हुई व्यवस्था में सारी गतिविधियाँ पंचायत, प्रखंड और जिला स्तर पर होंगी इसलिए पंचायत, प्रखंड और जिले को मजबूत बनाना होगा।

आज की अर्थ-व्यवस्था का केन्द्र शहरी उद्योग है इसीलिए सब कुछ शहर-केन्द्रित है। यदि खेती मुख्य आर्थिक कार्य-कलाप हो जाए तो सारी व्यवस्था को विकेन्द्रित करनेवाले गाँव और पंचायत को मजबूत करनेवाले प्रशासन की व्यवस्था करनी होगी।

आज की लगभग सभी राजनीतिक पार्टियाँ तो पूँजीपतियों व महाशक्तियों के स्वार्थ की रक्षक बन गई है। अमरीका और रूस भी

चाहते हैं कि भारत जैसे मुल्क में केन्द्रित राजनीतिक और आर्थिक व्यवस्था रहे ताकि वे अपने स्वार्थ की सिद्धि आसानी से कर सकें। इसलिए अगर किसान आन्दोलन लम्बे समय तक चलेगा तो उसे न सिर्फ पूँजीपतियों और शहरों से लड़ना होगा बल्कि उसे दुनिया की महाशक्तियों की चुनौती का भी मुकाबला करना होगा।

6. भूमिहीन किसान बनाम जमींदार

किसानों को एक और समस्या की तरफ भी ध्यान देना होगा। देश के किसान कई वर्गों में बँटे हैं। सबसे ऊपर ऐसे किसान हैं जो धनी हैं। इनको सामन्ती भूमि-व्यवस्था से हजारों एकड़ जमीन मिली है। इसी तरह नए प्रकार के पूँजीवादी किसान हैं जिनके पास उतनी जमीन नहीं है लेकिन ये लोग ऐसी चीजों का उत्पादन करते हैं जिनकी सामाजिक जरूरत नहीं है, जैसे गुलाब, निर्यात के लिए खुशबूदार बासमती चावल, आदि। इनका अच्छा दाम मिल जाता है। ऐसे 'किसान' सरकार से सहायता भी लेते हैं, बड़े शहरों में रहते हैं और साल में दो-तीन महीने के लिए फार्म (खेती) पर जाते हैं। ये पूँजीपति किसान हैं। दूसरी ओर सबसे नीचे भूमिहीन मजदूर हैं। फर्क यही है कि इनके पास अपना खेत नहीं है। हमारे सामने दो आदमी हैं—एक जो खेत पर काम नहीं करता लेकिन जिसके पास सैकड़ों-हजारों एकड़ जमीन है, दूसरा वह जो सब करता है लेकिन जिसके पास भूमि नहीं है। आज दृष्टि यह बनी हुई है कि एक ऐसे व्यक्ति को, जिसके पास सैकड़ों-हजारों एकड़ जमीन है लेकिन जो खेती में कोई काम नहीं करता, हम किसान मानते हैं। लेकिन उस व्यक्ति को जो खेती में सारा कामकाज करता है किसान नहीं मानते, मजदूर कहते हैं। इस दृष्टि को बदलना होगा। किसान आन्दोलन को यह चुनना होगा कि इन दोनों में से कौन उसका दोस्त है—सैकड़ों-हजारों एकड़वाला भूमिपति या दिन-भर मेहनत करनेवाला मजदूर ? किसानों को हदबन्दी से घबराना नहीं होगा

बल्कि शहरी हदबन्दी के लिए लड़ना होगा।

भूमिहीन किसान और साधारण किसान में जो अलगाव है उसका एक पहलू आर्थिक और दूसरा पहलू सामाजिक है। सामाजिक पहलू कहीं-कहीं आर्थिक पहलू से भी ज्यादा नुकसानदेह है। आमतौर पर गाँव में साधारण किसान मध्य और द्विज जाति का और भूमिहीन किसान हरिजन जाति का होता है। इस जातिगत अलगाव के कारण वे खेती या गाँव की लड़ाई नहीं लड़ सकते। एक सफल किसान आन्दोलन के लिए इस जातिगत अलगाव को दूर करना होगा। मध्यजाति और हरिजन, द्विज और हरिजन के बीच सामाजिक बराबरी स्थापित करने के लिए किसान संगठनों को अगुआ की भूमिका निभानी होगी। वे खेतों में पैदा करने के लिए साथ काम करते हैं इसलिए वे साथ मिलकर खाना भी खाएँ। अगर हम चाहते हैं कि शहर नहीं गाँव हमारी सभ्यता और हमारे आर्थिक क्रिया-कलाप का केन्द्र बने तो हमें जाति-व्यवस्था को खत्म करना होगा। हम किसान आन्दोलन को सही दिशा में चलाना चाहते हैं तो हमें यह कहना होगा कि किसान और मजदूर भाई हैं। वे अलग नहीं रहेंगे, एक साथ लड़ेंगे और एक साथ खाएँगे।

यह दुहरी लड़ाई होगी। एक विशाल तबके के तौर पर किसान को पूरी अर्थव्यवस्था और राजनीति में परिवर्तन की माँग करनी होगी दूसरी ओर उसे अपने भीतर भी परिवर्तन लाना होगा। यह बाहरी और भीतरी परिवर्तन ही सही मायने में किसानों की क्रान्ति होगी।

शुरू में जहाँ हमारे साथी इन आन्दोलनों में लगेंगे, उन्हें अलग ढंग से काम करना होगा, जैसे अपने इलाके में सर्वे करके पता लगाना होगा कि इलाके में कितने ऐसे परिवार हैं जो भर-पेट नहीं खाते। किसान आन्दोलन के लिए एक छोटा फंड (कोष) भी बनाना होगा। यह देखना होगा कि गरीबी या अन्य किसी कारण से कोई भूखा न रहे। साल में कम-से-कम एक दिन सहभोज हो। जहाँ-जहाँ ऐसा कार्यक्रम चलेगा वहाँ कम्युनिस्ट भी किसानों को भूमिहीन किसानों

(मजदूर) से अलग नहीं कर पाएँगे। ऐसा करके यह साबित किया जा सकता है कि किसान आन्दोलन एक कुलक आन्दोलन नहीं है वरन एक प्रगतिशील आन्दोलन है। अभी जो यह आरोप लगता है कि किसान आन्दोलन कुलक आन्दोलन है तो वह आधा सही और आधा गलत है। आधा सही इसलिए है कि अधिकांश जगहों पर इन आन्दोलनों के नेता धनी और बड़े किसान हैं और वे ग्रामीण समाज में किसी प्रकार के परिवर्तन की माँग नहीं करते। दूसरी ओर अधिकांश जगहों पर इन आन्दोलनों को गरीब किसानों का और कहीं-कहीं भूमिहीन किसानों (मजदूरों) का भी समर्थन प्राप्त है। इसलिए कुलक होने का आरोप आधा गलत है। आन्दोलन का चरित्र रातोंरात बदला नहीं जा सकता। इसके लिए 4-5 साल मेहनत की जरूरत है। इसलिए प्रगतिशील और क्रान्तिकारी लोगों और समूहों को आन्दोलन में लगाना होगा और इसके चरित्र को बदलने का प्रयास करना होगा।

7. राजनीतिक पार्टियाँ और किसान आन्दोलन

अब राजनीतिक पार्टियों को इन आन्दोलनों में शरीक करने का सवाल है। यह सच है कि पार्टियाँ इन आन्दोलनों का फायदा उठाने का प्रयास करेंगी, जैसे तमिलनाडु के मुख्यमंत्री एम.जी. रामचन्द्रन ने तमिल किसान आन्दोलन से सहानुभूति दिखाकर और उनसे वायदा करके उनका समर्थन प्राप्त किया और अब उनके प्रति दुश्मनी का रुख अपनाया है। कोई भी बड़ा नेता ऐसा कर सकता है। इसलिए बड़े नेता नहीं, पंचायत और प्रखंड स्तर के राजनीतिक कार्यकर्ताओं को आन्दोलनों में शामिल करना चाहिए। बड़े नेता भ्रष्ट और बेमतलब हो गए हैं। देश को नए नेतृत्व की जरूरत है। नेतृत्व का नया समूह इन आन्दोलनों और विद्यार्थी, मजदूर, आदिवासी आन्दोलनों से उभरेगा। इसलिए राजनीति के हाथ में आन्दोलन को सौंप देने की जरूरत नहीं बल्कि आन्दोलन से नई राजनीति गढ़ने

की जरूरत है। इन आन्दोलनों के नेताओं को अगला चुनाव लड़ने से रोकना होगा अन्यथा वे भी भ्रष्ट हो जाएँगे। जब तक आन्दोलन का ठोस संगठन और सुस्पष्ट राजनीतिक दिशा न बन जाए तब तक उनके चुनाव लड़ने का सवाल नहीं उठाना चाहिए। इस बीच वे शासक तथा विरोधी दल दोनों पर दबाव डालने का काम करेंगे।

यह कहा जाता है कि चौधरी चरण सिंह किसानों के नेता हैं। वह किस प्रकार के नेता हैं, यह समझना जरूरी है। यह सही है कि गांधी और लोहिया जैसे नेताओं के बाद चरण सिंह ने ही किसानों की समस्याओं को असरकारी ढंग से उठाया लेकिन विडम्बना यह है कि वे सत्ता में आने के बाद किसानों की समस्याओं से जूझने के बजाय सत्ता की जोड़-तोड़ में लग गए। मोरारजी भाई से उन्हें यह कहना चाहिए था कि मोरारजी भाई, आप किसानों की भलाई के लिए अमुक-अमुक काम करें। यह माँग कर वह सरकार से हट सकते थे और किसानों का आन्दोलन शुरू कर सकते थे। अगर वह ऐसा करते हैं तो वह जनता पार्टी के नेता के तौर पर नहीं, एक बड़े किसान आन्दोलन के नेता के रूप में गद्दी पर जमते। इसमें जरूर कुछ समय लगता।

जैसे-जैसे किसान आन्दोलन बढ़ेगा वैसे-वैसे सरकार ही नहीं, बड़े पूँजीपति तथा बड़े किसान उसे तोड़ने का प्रयास करेंगे। पहला तरीका होगा आतंक का, दूसरा तरीका होगा नेताओं में से कुछ को खरीदने का और तीसरा होगा किसानों के एक तबके को सन्तुष्ट करने का। जहाँ तक एकाध व्यक्ति की दगाबाजी का सवाल है उसे रोकने का कोई पक्का उपाय नहीं किया जा सकता। किसान एक ऐसा विशाल तबका है जिसमें से एकाध नेता दूसरी ओर चले भी जाते हैं तो उसका विशेष असर आन्दोलन पर नहीं होगा। सबसे खतरनाक बात यह है कि किसानों में ऐसा तबका है जिसका स्वार्थ अलग ढंग का है। इनको सरकार लालच देकर अपनी ओर करने का प्रयास करेगी, जैसे बागान मालिक, व्यापारिक फसलोंवाले

किसान, जो काजू, गुलाब और बढ़िया चावल जैसी विदेश भेजनेवाली चीजों का उत्पादन करते हैं। सरकार इनको धमकी देकर भी आन्दोलन से हटाने का प्रयास कर सकती है। जैसे उन्हें कह सकती है कि तुम पर हदबन्दी का कानून लगाएँगे या बहुत कमा रहे हो तुम पर टैक्स लगाएँगे या तुम्हें माल विदेश नहीं भेजने देंगे।

किसानों के बीच एक दूसरा तबका भी है जिससे उनको सावधान रहना पड़ेगा। इस तबके के लोगों का एक पैर गाँव में और दूसरा शहर में रहता है। इनका व्यापार, मकान और परिवार के लोगों की बड़ी नौकरी शहर में होती है। इनका स्वार्थ शहर में ही ज्यादा रहता है। हमारा मतलब रिक्शेवाले, घरेलू नौकर और छोटी नौकरीवालों से नहीं है। शहर में स्वार्थ रखनेवालों को सरकार कह सकती है कि क्यों आन्दोलन के फेर में हो। तुमको व्यापार का नया लाइसेंस दे देते हैं या और कोई अच्छी नौकरी दे देते हैं। इन तरीकों से वह इनको तोड़ सकती है। ऐसे लोगों या तबकों के हाथों में आन्दोलन का नेतृत्व न रहे, इसके प्रति सचेष्ट रहना होगा। इसका एक ही तरीका हो सकता है कि संगठन को गाँवों में फैलाया जाए और साधारण किसानों में से नया नेतृत्व निकाला जाए। दूसरे, इसके पहले कि सरकार हदबन्दी आदि कानूनों का इस्तेमाल बड़े किसानों के खिलाफ शुरू करे, आन्दोलन की तरफ से ऐसी माँगें आने लग जानी चाहिए ताकि साधारण किसानों का हित आन्दोलन में झलकने लगे और उनके बीच से नेतृत्व पैदा होने लगे।

8. हिंसा-अहिंसा का सवाल

सरकार द्वारा आतंक पैदा करने की हालत में हिंसा या अहिंसा की बहस उठ जाया करती है। यह बहस अक्सर भ्रम पैदा करती है। यह देखने के बजाय कि किसान आन्दोलन हिंसा का सहारा लेगा या अहिंसा का, हम लोगों को दूसरे ढंग से इस सवाल को

देखना चाहिए। किसान ऐसा तबका है जो लम्बे समय तक हिंसा का सहारा लेकर संघर्ष नहीं कर सकता है। ऐसा करने के लिए उसे अलग तरीके से संगठित होना पड़ेगा, हथियार जुटाने होंगे, छिपना होगा। ऐसा करके वह किसान नहीं रह जाएगा, बल्कि फौजी बन जाएगा। सवाल यह है कि बगैर हथियार के हम किसान आन्दोलन को कैसे शक्तिशाली और असरदार बना सकते हैं। जब हम यह कहते हैं कि बहुसंख्यक तबका है तब उसके लिए छिपना या हथियार खोजना हास्यास्पद लगता है। जब तक तानाशाही कायम नहीं है तब तक किसानों के लिए दो रास्ते हैं—पहला यह कि वे शासक पार्टी पर असरकारी दबाव पैदा करें। वैसी हालत में भी जब सरकार उनके सवाल सुनने को तैयार नहीं हो तो किसानों को स्वयं अपने हाथ में सत्ता लेने के लिए तैयार रहना चाहिए।

अच्छी सरकार दो तरह की होती है—बगैर किसान के किसानों की हितवाली सरकार, फिर, किसान की सरकार। अभी हम पहले के लिए काम कर रहे हैं। अब सवाल यह है कि किसान अपने लिए कहाँ तक संगठित हैं। अगर किसान स्वयं संगठित नहीं हैं तो यह सवाल नहीं है कि सरकार सुन रही है या नहीं। किसान सचमुच संगठित है इसके तीन प्रमाण होंगे। पहला, सामन्ती और पूँजीवादी किसान को छोड़कर बाकी किसान और मजदूर एक साथ हैं या नहीं। दूसरा, माँगें स्पष्ट हैं या नहीं। और तीसरा, समस्याओं के हल के बारे में ठोस दिमाग और संकल्प है या नहीं। अगर इन तीन शर्तों को किसान आन्दोलन पूरा करता है तो क्या आप सोचते हैं कि वैसी हालत में सरकार आन्दोलन को अनसुना कर सकती है ? अगर करती है तो आप स्वयं सरकार अपने हाथ में ले लें।

हम यह नहीं कहते कि किसान सदा अहिंसा पर कायम रहे। हम यह कहते हैं कि हिंसा का सहारा न लें। अहिंसा सम्भव है या नहीं ? आदमी के वश की चीज है या नहीं ? यह एक अलग बात है। अहिंसा के कई अर्थ हो सकते हैं, लेकिन कार्रवाई के रूप में बुद्ध और

अशोक ने भी कहा है कि दूसरे को न मारें। हम यही कहते हैं कि हम हत्या नहीं करेंगे या किसी की हत्या का षड्यन्त्र नहीं करेंगे। एक बार जब फैसला कर लेते हैं कि हम किसी को नहीं मारेंगे तो हमारे सामने ऐसे कई तरीके आ जाते हैं जिनको शान्तिपूर्ण कहा जाता है। अपने आन्दोलन को तेज करने के लिए हमें ऐसी कला सीखनी होगी कि किसी को मारने की जरूरत नहीं पड़े, भले स्वयं मर जाएँ। यह महत्त्वपूर्ण सवाल है। शान्तिवाला संघर्ष यह नहीं कहता कि संघर्ष में खून नहीं बहेगा। फरक यह है कि हिंसात्मक संघर्ष में दोनों पक्षों का खून बहता है और शान्तिपूर्ण संघर्ष में सिर्फ संघर्षकारी का।

अब दूसरे ढंग से इस सवाल को देखें। हिंसा की क्यों जरूरत महसूस होती है ? क्योंकि इसमें ताकत है। लेकिन आप यह बताएँ कि एक राइफल में ज्यादा ताकत है या दस हजार लोगों में ? हमारा मतलब शारीरिक ताकत से है। अगर कोई सरकार एक समय तक हमारी बात नहीं सुनती है तो हम कह सकते हैं कि हम अपने इलाके में कोई सरकार नहीं चलने देंगे, टैक्स नहीं देंगे। हम स्वयं अपना प्रशासन चलाएँगे। सरकारी दफ्तर को घेर लेंगे। उसे बन्द होने के लिए मजबूर कर देंगे। अब आप तय करें कि किसमें अधिक ताकत है। राइफल में या इस तरीके में ?

जब तक देश में किसान आन्दोलन नहीं था तब तक बहुत लोगों की राय थी कि यहाँ समाजवादी क्रान्ति कम्युनिस्ट तरीके से ही आ सकती है जिसका परिणाम तानाशाही में होगा। किसान आन्दोलन के बाद ऐसा विश्वास बन रहा है कि शान्तिमय तरीके से भी समाजवाद आ सकता है। हिंसा अल्पसंख्यक का हथियार है। किसान अल्पसंख्यक नहीं है। हमें अपना कौशल ऐसा बनाना होगा जिससे हम शहर के गरीबों की सहानुभूति पा सकें और हमारी कार्रवाई से सिर्फ निहित स्वार्थों और सरकार का ही नुकसान हो।

[1981]

किसान राजनीति के सूत्र

आधुनिक लोकतांत्रिक व्यवस्था बहुसंख्यक समूहों के लिए अनुकूल पड़ती है, क्योंकि सत्ता पर अधिकार प्राप्त करने के लिए संख्या की अधिकता की जरूरत होती है। लेकिन कोई भी बहुसंख्यक समूह अपने आप सत्ता पर हावी नहीं हो जाता है। लोकतंत्र में संख्या का फायदा उठाने के लिए दो शर्तें पूरी होनी चाहिए।

(1) राजनीतिक सन्दर्भ में समूह को अपनी अस्मिता का एहसास होना चाहिए। उदाहरणस्वरूप यह देखा जा सकता है कि बिहार की पिछड़ी जातियों में जातिगत अस्मिता को लेकर एक राजनीतिक चेतना बनी हुई है। कुछ खास जातियों में यह चेतना अधिक है और वे इसका

राजनीतिक लाभ उठाते हैं। लेकिन ओडिशा या मध्य प्रदेश में शूद्र जातियों की संख्या बिहार के अनुपात में अधिक होने पर भी राजनीति में पिछड़ी अस्मिता का कोई उभार नहीं है।

(2) दूसरी शर्त यह है कि समूह अपने हितों को समझे और राजनीतिक विचार के तौर पर उसको पेश करे। कुछ समूह प्रथम शर्त को पूरी करते हैं, लेकिन दूसरी शर्त को पूरी नहीं करते; तो उनकी राजनीतिक चेतना का उपयोग अन्य समूह कर लेते हैं–वे खुद अपने लिए नहीं कर पाते हैं। मिसाल के लिए कई राज्यों में हरिजन और आदिवासी जातियाँ सामूहिक मतदान करते हैं।। इस अर्थ में उनकी एक राजनीतिक अस्मिता है। लेकिन हरिजन-आदिवासियों का दीर्घकालीन स्वार्थ क्या है, उनकी राजनीति कैसी होनी चाहिए, उसका निरूपण वे खुद नहीं कर पाते हैं, तो अन्य राजनीतिक शक्तियाँ हरिजनों की सामूहिकता का उपयोग अपने हितों के लिए करती हैं। सारे देश में लम्बे समय तक कांग्रेस दल ने हरिजन और आदिवासियों को अपने वोट बैंक के तौर पर इस्तेमाल किया।

किसानों की कमजोरी दोनों बिन्दुओं पर है। चुनाव में एक किसान समूह के रूप में किसानों की भागीदारी नहीं होती है। अपने गाँव के या अपनी जाति के एक सदस्य के रूप में किसान अपना राजनीतिक मतदान करता आया है। जहाँ किसानों का संगठन है वहाँ भी देखा गया है कि कुछ तात्कालिक माँगों के कार्यक्रमों में वह किसान की हैसियत से शामिल होता है, लेकिन चुनाव आता है तो वह अराजनीतिक हो जाता है। कुछ किसान संगठन अपने को अराजनीतिक घोषित करके इस प्रवृत्ति को बढ़ावा देते हैं। इसका मतलब है कि किसान अपने हितों को (यानी किसानों के दीर्घकालीन हितों को) राजनीति में परिभाषित नहीं कर पाता है। राजनीतिक सन्दर्भ में वह सोच नहीं पाता है कि किसान देश का सबसे बड़ा समूह है और वह चाहेगा तो अपनी दृष्टि और अपने हितों के अनुसार पूरी व्यवस्था को परिवर्तित कर सकता है। आत्मविश्वास के अभाव में वह अपनी

संख्या की अधिकता का उपयोग नहीं कर पाता है। कभी-कभी जब वह किसी तात्कालिक माँग को लेकर एकजुट होता है, उसकी सामूहिकता का उपयोग दूसरे समूह कर लेते हैं। 1989 के चुनाव के पहले कर्ज की समस्या और कर्ज-मुक्ति की माँग पर किसानों में एकजुटता बनी थी; लेकिन कर्ज माफी का झूठा वायदा करके जनता दल (राष्ट्रीय मोर्चा) ने किसानों का मत अपने पक्ष में कर लिया।

किसान सम्पत्तिविहीन या शिक्षाविहीन नहीं है। फिर अपनी संख्या की अधिकता का राजनीतिक उपयोग वह क्यों नहीं कर पाता है ? किसानों के हित के लिए राज्य-व्यवस्था में क्या-क्या परिवर्तन होना चाहिए ? अपने हित में एक राजनीतिक विचार वह क्यों पेश नहीं कर पाता ? इसका कारण ढूँढ़ना जरूरी हो गया है।

आधुनिक लोकतांत्रिक राष्ट्रों में जितने प्रकार के राजनीतिक दल बने हैं वे या तो पूँजीवादी-उदारवादी या साम्यवादी विचार पर आधारित हैं। इन विचारों में भविष्य के उन्नत समाज की जो कल्पना है उसमें गाँव का कोई अस्तित्व नहीं है और छोटे किसानों का कोई अस्तित्व नहीं है। आज का समय संक्रमणकाल है। वर्तमान परिस्थिति में गाँव और किसान समाप्त नहीं हुए हैं क्योंकि विकास की गति तेज नहीं हो पाई है। शहरीकरण और कृषि का मशीनीकरण जिस रफ्तार से होना चाहिए उस रफ्तार से नहीं हो रहा है। अतः गाँव को तथा किसानों के अस्तित्व को बरदाश्त किया जा रहा है। विकास पूरा हो जाएगा तो गाँव की आबादी पूरी तरह शहर में चली जाएगी और छोटे-छोटे खेत के स्थान पर विशालकाय फार्मों की यान्त्रिक खेती होने लगेगी। पूँजीवादी और साम्यवादी दोनों कल्पनाओं में यह बात सामान्य है। गाँव और खेती का हश्र एक जैसा है। दुनिया की पूरी सोच पूँजीवादी और साम्यवादी सोच है। किसानों के बारे में दोनों की सोच यह है कि किसानों का कोई भविष्य नहीं है। जिस समूह का कोई भविष्य नहीं है उसकी संख्या कितनी बड़ी क्यों न हो, उसकी कोई राजनीति बनेगी कैसे ? जब विकास का

ही लक्ष्य है—गाँव की समाप्ति और छोटे किसानों की समाप्ति—तब विकास की नीतियों को गाँव और किसानों के विकास में कैसे लगाया जा सकता है ?

अतः गाँव और किसान सिर्फ राहत के दावेदार यानी दया का पात्र होकर ही रह सकते हैं। राजनीति में किसान एकत्रित होकर समय-समय पर राहत की माँग कर सकते हैं, लेकिन पूरी राजनीति और अर्थनीति का संचालन किसानों के हितों को केन्द्र में रखकर होना चाहिए—यह कहना पूँजीवादी विचार का भी विरोधी है और साम्यवादी विचार का भी विरोधी है। (गांधीवाद कभी भी एक राजनीतिक समूह का विचार नहीं रहा।) ऐसी स्थिति में किसान केन्द्रित राजनीति सम्भव नहीं थी। यह कहना कि देश की सारी नीतियाँ बड़े उद्योगों के विकास के अनुकूल होनी चाहिए, उचित लगता है। अगर कोई कहे कि मजदूरों के हितों को केन्द्र में रखकर सारी नीतियाँ बनाई जाएँ—उसका भी औचित्य दिखाई देता है। कोई कहे कि मध्यम वर्ग का हित हमारी व्यवस्था के केन्द्र में रहना चाहिए—यह भी उचित लगता है। लेकिन कोई कहे कि गाँव के विकास या छोटे किसानों के हितों को केन्द्र में रखकर सारी आर्थिक नीतियाँ तय होनी चाहिए, यह हास्यास्पद लगता है। यह सुनकर पूँजीवादी विचारवाले भी ठहाका लगाएँगे और साम्यवादी खेमे के लोग भी व्यंग्य करेंगे। जिस समूह का भविष्य अनिश्चय में है उसके लिए एक पूरी व्यवस्था बनाई जाए, यह बात अपने में एक विरोधाभास है।

आधुनिक शिक्षा, संस्कृति और साहित्य इस धारणा को आम नागरिक के मानस में पुष्ट करता आया है। ऐसी हालत में किसानों की राजनीति सम्भव होगी कैसे ?

2

सवाल उठता है—क्या मानव समाज के भविष्य के बारे में यह सही ज्ञान है ? 30-40 साल पहले तक यह बिलकुल सही लगता था। अब

एशिया, अफ्रीका और लातिन अमरीका के देशों की प्रगति की समीक्षा करने के बाद उस पुराने ज्ञान पर प्रश्नचिह्न लग गया है। इतना तो साबित हो चुका है कि एशिया-अफ्रीका के देश कभी भी पश्चिम यूरोप या उत्तर अमरीका नहीं बन पाएँगे ? तब ये मुल्क क्या बनेंगे ? शहरीकरण की सीमा कहाँ लगेगी ? इन मुल्कों में किसानों की संख्या को किस हद तक घटाया जा सकता है ? अगर जबरदस्ती गाँव को खत्म कर दिया जाएगा तो लोग क्या करेंगे ? क्या उन्हें शहरों में रोजगार मिल जाएगा ? इन प्रश्नों का उत्तर व्यवहार और अनुभव से मिल रहा है। लेकिन इसको ज्ञान का हिस्सा नहीं बनाया जा रहा है। क्योंकि जो तथ्य मिल रहे हैं, उससे ज्ञान के ठेकेदारों की कलई खुल जाएगी। अभी तक एक गलत ज्ञान पूरी दुनिया को पढ़ाया जा रहा है।

एशिया-अफ्रीका की बात छोड़ दीजिए, पूर्वी यूरोप और भूतपूर्व सोवियत संघ के राज्यों में भी जो तथ्य उभर रहा है उससे पुराने ज्ञान को धक्का लग रहा है। क्या यूगोस्लाविया, बुलगारिया, उजबेकिस्तान जैसे मुल्कों के हर नागरिक के पास अगले पचास साल में मोटरगाड़ी हो पाएगी ? दुनिया की आधी आबादी को, जो इस वक्त दरिद्र है, शहरों में बसाने के लिए कितने रोजगार अगली शताब्दी भर में खुल पाएँगे ? अगर दुनिया के सारे प्राकृतिक साधनों को (और ईंधनों को) 50 साल के अन्दर खत्म कर दिया जाए, तब भी क्या आधी दुनिया का यूरोपीकरण हो पाएगा ? अगर विश्वविद्यालयों में और बौद्धिक मंचों में इन सवालों को निरन्तर पूछा जाएगा, तो यूरोप से आए हुए आधुनिक ज्ञान की धज्जियाँ उड़ जाएँगी।

यूरोप-अमरीका के इस पुराने ज्ञान को खत्म होने के लिए और 40-50 साल लग सकते हैं। उससे ज्यादा नहीं। इसके खत्म होने का समय ज्ञान के एक नवजागरण का समय (रेनासाँ) कहलाएगा। इसी समय से एक नए ज्ञान का विकास शुरू हो जाएगा। नए ज्ञान के दबाव से मानव समाज अपने भविष्य के बारे में अलग ढंग से

सोचने लगेगा। मानव समाज के भविष्य के बारे में नई स्थापनाएँ होंगी। यह स्थापित हो जाएगा कि उत्पादन की छोटी इकाइयों के द्वारा और विकेन्द्रित व्यवस्था के द्वारा ही रोजगार की कमी और खाद्य की कमी का समाधान निकलेगा। क्षेत्रीय स्वावलम्बन के द्वारा ही मानवीय जरूरतों की अधिकतम पूर्ति हो सकेगी। कृषि का ढाँचा और तरीका भी बदल जाएगा। कृषि, उद्योग और विदेशी व्यापार का आपसी रिश्ता भी काफी हद तक बदल जाएगा। कृषि, उद्योग और विदेश व्यापार के बारे में वही सोच सर्वाधिक लोकप्रिय होगी जो नेपोलियन ने अपने निर्वासित जीवन के चिन्तन में व्यक्त किया था। सेंट हेलेन द्वीप के बन्दी काल में नेपोलियन ने एक अच्छी बात कही थी : "कृषि राज्य की आत्मा है, आर्थिक विकास के लिए नींव का पत्थर है। उद्योग लोगों को आराम दे सकता है, उनके सुख को बढ़ा सकता है और विदेश व्यापार उन्हें वैभव दे सकता है।...लेकिन इसका मतलब यह नहीं कि आयात-निर्यात को सबसे बड़ा दर्जा देना है। कृषि और उद्योग की तुलना में उसका महत्त्व हमेशा छोटा रहेगा। जब कृषि और देशी उद्योग अतिरिक्त पैदा करने लगेंगे तब जाकर विदेशी व्यापार को बढ़ाया जाएगा, उसके पहले नहीं।"

इसमें नेपोलियन की कोई मौलिकता नहीं है। यह एक शाश्वत सत्य है जिसको विश्वविद्यालयों और संचार माध्यमों ने छुपा दिया है। किसी भी वक्त आर्थिक विकास के बारे में सही ज्ञान के तौर पर यह पुनः स्थापित हो जाएगा। अगर देश का कोई प्रमुख राजनीतिक नेतृत्व इसी को आर्थिक विकास के मार्गदर्शक सूत्र के रूप में अपना लेगा तो धनी बुर्जुआ वर्ग को छोड़कर बाकी सारे लोग इसका स्वागत करेंगे। इसके साथ विकास के कुछ अन्य सूत्र भी लोकप्रिय हो जाएँगे। जैसे, शहरीकरण नहीं चाहिए, गाँव का आधुनिकीकरण चाहिए। शहरीकरण का मतलब है गाँव को खत्म करना और शहर बसाना; आसपास के गाँव के लोग वहीं आ जाएँगे। अगर कृषि का उत्पादन छोटी और

मध्यम इकाइयों में करना है और बहुत सारे उद्योगों को भी छोटी इकाइयों में रखना है तो गाँव को समाप्त करने के बजाय गाँव को आधुनिक सुविधाओं से लैस करना हमारा नया लक्ष्य होगा। शिक्षा, संस्कृति और ज्ञान के अनुसंधान की पर्याप्त सुविधाएँ गाँव में ही उपलब्ध कराई जाएँगी। लेकिन गाँव का सारतत्त्व बना रहेगा। गाँव के सारतत्त्व का मतलब है अव्यावसायिक खेती और औद्योगिक उत्पादन की छोटी इकाइयाँ। इन दोनों को केन्द्र में रखकर उसके ऊपर जो भी सुविधाएँ जोड़ी जाएँ, गाँववाला चरित्र बचा रहेगा। जब किसानों को पूरी तरह खतम कर दिया जाता है वहाँ शहर या बाजार या औद्योगिक केन्द्र स्थापित हो जाता है।

गाँव के आधुनिकीकरण से किस तरह का विकास होगा, उसका मॉडल समझने के लिए और उसकी बनावट का अनुमान करने के लिए वर्तमान केरल को देखा जा सकता है, जहाँ शहर और गाँव के बीच का फर्क दिखाई नहीं देता है। देहातों के बीच-बीच कुछ शहरी केन्द्र होते हैं। केरल ही भारत में सर्वाधिक शिक्षावाला राज्य है।

एक दूसरा सूत्र है : विज्ञान रहेगा, लेकिन टेक्नोलॉजी बदलेगी। यह सही है कि पश्चिम में आधुनिक विज्ञान का जन्म हुआ है और विकास भी हुआ है, लेकिन अपने एकाधिकार को बनाए रखने के लिए यूरोप-अमरीका ने ज्ञान को बिगाड़ दिया है, टेक्नोलॉजी और विज्ञान को एक अर्थवाला बना दिया गया है। फलस्वरूप जब भी हम आधुनिक टेक्नोलॉजी का तिरस्कार करते हैं तो कॉलेज में पढ़ा हुआ आदमी सोचता है कि यह विज्ञान-विरोधी बात है। असल में वैज्ञानिक तथ्यों को कई प्रकार की टेक्नोलॉजी के लिए इस्तेमाल किया जा सकता है। टेक्नोलॉजी बड़ी भी हो सकती है और कम पूँजी पर भी चलाई जा सकती है। बल्कि विज्ञान की बहादुरी तो तब प्रमाणित होगी जब इसका इस्तेमाल कम पूँजीवाला समाज भी कर सकेगा। जब उसका फायदा लेने के लिए किसी देश या जनसमूह को विदेशी पूँजी या विदेशी कर्ज पर निर्भर रहना नहीं पड़ेगा, तब

जाकर विज्ञान या टेक्नोलॉजी को गौरव प्राप्त होगा। जितना विज्ञान अभी तक उपलब्ध है उतना इसके लिए काफी है, उसको कम पूँजीवाली टेक्नोलॉजी में उपयोग करना बिलकुल सम्भव है। यह नया ज्ञान है और हम इस नए ज्ञान के द्वार पर खड़े हैं। जब सामाजिक कार्यकर्ता और वैज्ञानिक कार्यकर्ताओं के सहयोग और संकल्प से एक ऐसी टेक्नोलॉजी ईजाद हो जाएगी तब रोजगार को संकुचित किए बगैर उत्पादन की कुशलता को बनाए रखा जा सकता है।

यह कल्पना अब गांधीवादियों तक सीमित नहीं रह जाएगी। गांधीवाद से हटकर भी इसको विकसित किया जा सकता है। कहीं-कहीं गांधीवाद अवरोधक हो सकता है। इसलिए इस विकल्प को गांधीवादी नहीं कहा जाएगा। यह एक सही आधुनिक विकल्प होगा। असल में यह विकल्प साम्यवाद, समाजवाद और गांधीवाद का स्थान लेगा।

नई स्थापनाओं को बनने में 30-50 साल से अधिक समय नहीं लगता है। बीसवीं सदी के प्रथमार्ध में बहुत सारी समाजवादी मान्यताएँ स्थापित हो गईं और लोकप्रिय भी हो गईं। उद्योगों का राष्ट्रीकरण, भूमि का पुनः वितरण, मजदूरों की हिस्सेदारी, रोजगार का अधिकार– ये सारी मान्यताएँ ज्यादा पुरानी नहीं हैं। भारत में 1930 के पहले इनकी चर्चा नहीं थी। 20-25 साल के अन्दर ये बातें लोकप्रिय हो गईं और सरकारी नीति बन गईं। अतः विकास नीति को बदलने की जो बात कही जा रही है, अन्दर-अन्दर जिसकी बातें हो रही हैं–राजनीतिक नेतृत्व अगर इसको अपनाने लगेगा तो 20-25 साल के अन्दर वह स्थापित सत्य हो जाएगा।

किसानों की राजनीति इस काम के लिए निर्णायक साबित होगी। कुछ लोगों की विलासिता और अधिसंख्य की कंगाली नहीं चाहिए– सारे समूहों के लिए सभ्य जीवन और भरपेट भोजन चाहिए। इस बात को किसानों की राजनीति जितनी दृढ़ता के साथ कह सकेगी, और कोई नहीं कह सकेगा। केन्द्रीकरण की टेक्नोलॉजी नहीं चाहिए क्योंकि उससे बेरोजगारी बढ़ रही है। विकेन्द्रीकरण की टेक्नोलॉजी

चाहिए, गाँव में रोजगार चाहिए।...पहले आत्मनिर्भरता, बाद में आयात-निर्यात।...पहले भोजन और शिक्षा बाद में मोटरगाड़ी और वी.सी.आर...। ये सारी बातें करने के लिए, इनको विकास के सूत्र के रूप में स्थापित करने के लिए किसानों की राजनीति चाहिए। किसानों का दीर्घकालीन हित इन्हीं विचारों में निहित है। किसानों के हितों का राजनीतिकरण होगा तो ये बातें प्रचारित होंगी।

किसान वर्ग एक शाश्वत वर्ग है क्योंकि खेती मानव समाज के लिए अपरिहार्य है और इस काम के लिए सिर्फ किसानों पर ही भरोसा किया जा सकता है। क्योंकि व्यापारी वर्ग खेती को सिर्फ व्यावसायिक मुनाफे के लिए अपना रहा है, जिस दिन उससे ज्यादा मुनाफा देनेवाला व्यवसाय उसको मिल जाएगा, उसी दिन वह खेती छोड़ देगा। इसलिए खेती अव्यावसायिक ही रहनी चाहिए, लेकिन लाभकारी होनी चाहिए, ताकि खेती करने का उत्साह खत्म न हो जाए।

शहरीकरण और केन्द्रीकरण की विकास पद्धति सारी दुनिया में चालू हो चुकी है। लेकिन इस पद्धति के वास्तविकता पर आधारित न होने के कारण दुनिया के दो-तिहाई हिस्से में जनसाधारण की आशाएँ खत्म हो रही हैं। लगभग 300 करोड़ मनुष्य यह सोच नहीं पा रहे हैं कि उनके लिए कोई अच्छे दिन आएँगे, ऐसी हालत में शीघ्र ही उनका मोहभंग होनेवाला है और एक वैकल्पिक समाज-रचना का लक्ष्य उन्हें आकर्षित करनेवाला है।

आखिरकार समाजवाद और साम्यवाद क्यों इतना लोकप्रिय हुआ था, और यकायक क्यों इतना अविश्वसनीय हो गया ? इसलिए कि मार्क्सवाद आधारित समाजवाद पूँजीवाद और केन्द्रीकरण पर टिका हुआ था। जहाँ भी उस पर अमल हुआ वहाँ यह क्षेत्रीय गैर-बराबरी, गाँव-शहर की गैर-बराबरी पैदा करने लगा। इन गैर-बराबरियों को छुपाने के लिए तानाशाही की जरूरत कभी भी खत्म नहीं हुई।

अब पूँजीवाद का एक गैरमार्क्सवादी विकल्प चाहिए। मार्क्सवाद बहुत ज्यादा पूँजीवादी उत्पादन प्रणाली से जुड़ा हुआ है और गांधीवाद

बहुत ज्यादा चरखा के साथ जुड़ा हुआ है। इसलिए एक गैरमार्क्सवादी गैरगांधीवादी समाजवाद को परिभाषित करना होगा। किसान राजनीति के माध्यम से ही यह नया समाजवाद परिभाषित हो सकेगा।

3

इस राजनीति को बल प्रदान करने के लिए विश्व में कई तरह की प्रक्रियाएँ चल रही हैं। इन प्रक्रियाओं के परिणामों के रूप में पूँजीवाद संकट में पड़ जाएगा। पूँजीवाद का संकट क्या है ? मार्क्सवादियों ने बार-बार पूँजीवाद के संकट की भविष्यवाणी की है, लेकिन हर बार पूँजीवादी मुल्क उन संकटों से उबर जाते हैं। उससे लगता था कि पूँजीवाद हर संकट का मुकाबला कर सकता है। अभी ऐसा नहीं होनेवाला है। अब तो सारे देश पूँजीवादी हो रहे हैं। भारत, सोवियत यूनियन के गणराज्य, पूर्वी यूरोप के सारे देश—सब पूँजीवादी हो चुके हैं। इन सारे देशों में अगले दो-तीन दशकों के अन्दर गम्भीर संकट आनेवाले हैं जिनका मुकाबला पूँजीवाद नहीं कर सकेगा। पूँजीवाद का असली संकट करखनियाँ मजदूरों की क्रयशक्ति की कमी नहीं है, जैसा कम्युनिस्ट चाहते रहे हैं; बल्कि पूँजीवाद का असली संकट पूँजी का अभाव है। यह पूँजी शोषण की उपज है। यह केवल मजदूरों के शोषण की उपज नहीं है; बल्कि अन्य जन-समूहों और अन्य देशों के शोषण की उपज है। साम्राज्यवाद के साथ पूँजीवादी उत्पादन प्रणाली का विकास हुआ था; और साम्राज्यवाद के अन्त के साथ पूँजीवाद का भी अन्त होगा। यूरोप-अमरीका ने राजनीतिक साम्राज्यवाद के अन्त के साथ-साथ आर्थिक साम्राज्यवाद की व्यवस्था बनाई और शोषण की प्रक्रिया को जारी रखा। सोवियत संघ के लिए यह सम्भव नहीं था। पूर्वी यूरोप का विद्रोह जैसे-जैसे तेज होता गया, सोवियत अर्थव्यवस्था भी कमजोर होती गई। अन्दर के गणराज्यों में भी असन्तोष व्यापक होने लगा। पूर्वी यूरोप के देशों के साथ आर्थिक साम्राज्यवाद का

रिश्ता बनाए रखना रूस के लिए सम्भव नहीं था, इसी तरह सोवियत संघ की उत्पादन व्यवस्था का संकट आ गया। साम्यवाद को खत्म कर देने से और पूँजीवाद को अपनाने से संकट दूर नहीं हो जाएगा क्योंकि वहाँ तो पहले भी उत्पादन प्रणाली का ढाँचा पूँजीवादी था। अब उसके लिए ज्यादा पूँजी चाहिए। यह पूँजी कहाँ से आएगी ? पूर्वी यूरोप का उपनिवेश खत्म हो गया है, इधर जो अन्दरूनी उपनिवेश थे वे भी स्वतंत्र हो गए हैं। रूस का अब कोई उपनिवेश नहीं है–इसलिए पूर्वी यूरोप या भूतपूर्व सोवियत संघ के राज्यों का पूँजीवादी विकास होना सम्भव नहीं है।

इस सत्य को छुपाया जा रहा है। लेकिन दस साल बाद, बीस साल बाद जब यह प्रमाणित हो जाएगा कि इन देशों का विकास नहीं हो पा रहा है, तब पूँजीवाद का असली संकट स्पष्ट हो जाएगा। यह स्पष्ट हो जाएगा कि पश्चिम यूरोप और अमरीका के पूँजीवाद को जब चाहें तब एशिया-अफ्रीका के लोग संकट में डाल सकते हैं। जिस दिन यह स्पष्ट हो जाएगा, उसी दिन औद्योगिक सभ्यता का अन्त निकट हो जाएगा और कृषि आधारित विकास व्यवस्था की विश्वसनीयता तेजी से बढ़ने लगेगी, किसान राजनीति को एक अनुकूल विश्व परिस्थिति मिल जाएगी। पूँजीवाद किसानों का सबसे बड़ा दुश्मन रहा है, क्योंकि इसी ने किसानों की समाप्ति की बात पूँजीवादी तर्क से निकाली थी। जब पूँजीवाद का खोखलापन सबके सामने आ जाएगा, और पूँजीवादी विश्व-कल्पना सम्पूर्ण विश्वसनीय नहीं रह जाएगी, तब किसान वर्ग एक सकारात्मक और महत्त्वपूर्ण वर्ग के रूप में स्थापित होगा। अगर किसान एक महत्त्वपूर्ण समूह के तौर पर स्थापित होगा, तो उसके राजनीतिक विचारों की एक निर्णायक भूमिका लोकतंत्र में रहेगी।

साम्यवाद के पतन से इस प्रक्रिया को तात्कालिक धक्का जरूर लगा है, कारण पूँजीवाद अप्रतिद्वन्द्वी हो गया है। लोगों को उसका विकल्प नहीं दिखाई पड़ता है। लेकिन दीर्घकालीन सोच में यह

दिखाई देगा कि साम्यवाद के पतन से यह प्रक्रिया तेज होगी, क्योंकि साम्यवाद पूँजीवादी उत्पादन पद्धति का ही एक प्रच्छन्न रूप था। अब इन सारे देशों में नग्न पूँजीवाद की परीक्षा हो रही है। पहली बार बड़े पैमाने पर और इतने सारे महत्त्वपूर्ण देशों में विशुद्ध पूँजीवाद का प्रयोग हो रहा है, जिनमें बाहरी उपनिवेशों का सहारा नहीं है। यह निश्चित है कि (कुछ अपवाद हो सकते हैं लेकिन कुल मिलाकर) सारे देशों में पूँजीवाद का यह प्रयोग विफल होनेवाला है, और जहाँ-जहाँ साम्यवाद का राज था वहाँ पहले से भी बदतर हालत होगी। यह विफलता इतने बड़े पैमाने पर दिखाई देगी कि लोग पूँजीवाद का एक नया विकल्प ढूँढ़ने के लिए बाध्य होंगे। जो भी नया विकल्प होगा, वह किसानों के समूहों के लिए अनुकूल होगा। उस विकल्प में किसान समूह का स्थान पहले के मुकाबले अधिक महत्त्वपूर्ण माना जाएगा।

इस आसन्न अनुकूलता को समझते हुए किसानों को अपनी राजनीतिक तैयारी रखनी पड़ेगी। अपना राजनीतिक विचार बनाकर रखना होगा। आज किसान इस नए विचार के लिए तत्काल लड़ने को तैयार नहीं होगा, लेकिन किसानों का एक सचेत वर्ग तैयार हो सकता है। प्रशिक्षित और प्रतिबद्ध कार्यकर्ताओं का एक समूह किसान आन्दोलन के मेरुदंड के रूप में खड़ा हो सकता है। अगर पूँजीवाद अपनी असफलता के पागलपन में अपनी समाप्ति के साथ-साथ धरती को भी पूरी तरह नष्ट नहीं कर देगा, तो इक्कीसवीं सदी के मध्य तक एक नया ऐतिहासिक मोड़ आनेवाला है। अगर भारत में किसानों की राजनीति तीव्र होगी, तो वह मोड़ 20-30 साल के अन्दर आ जाएगा।

4

आनेवाले नए मोड़ पर विजय हासिल करने के लिए भारतीय किसानों को अभी से तैयारी करनी होगी। चूँकि यह तैयारी युग-परिवर्तन

की तैयारी होगी, जो किसी भी महान क्रान्ति से कम महत्त्वपूर्ण नहीं, भारतीय किसानों को चाहिए कि वे व्यापक रणनीति अख्तियार करें। वैकल्पिक अर्थनीति को सामने रखकर 'नई आर्थिक नीतियों' का उग्र विरोध करना किसान राजनीति का पहला कदम होगा। नई आर्थिक नीति का हमला ग्रामीण क्षेत्र के जिन-जिन बिन्दुओं पर होगा, उन्हीं बिन्दुओं के विरोध तथा आन्दोलन को संगठित करना होगा। ग्रामीण बेरोजगारी बढ़ाना और महँगाई बढ़ाकर ग्रामीण जीवन स्तर को अधिक नीचे ले जाना नई आर्थिक नीति का एक उद्‌देश्य है। महँगाई का मुकाबला अनाजों का दाम बढ़ाकर नहीं हो सकता—महँगाई रोकने की माँग से ही इसका मुकाबला हो सकता है। ग्रामीण लोगों के लिए गैर-खेती रोजगार की माँग एक सशक्त कार्यक्रम हो सकता है। अगर टिकैत जैसा दबदबावाला नेतृत्व पूर्वी उत्तर प्रदेश में पैदा हुआ होता और हरेक ग्रामीण परिवार के लिए एक गैर-खेती रोजगार की माँग होती तो पूरी ग्रामीण जनता संगठित हो सकती थी। अधिकांश भारत पूर्वी उत्तर प्रदेश जैसा है जहाँ छोटी या अनार्थिक खेती के ऊपर अधिकांश किसान परिवार जीवन-निर्वाह कर रहे हैं—हर पीढ़ी के साथ जोत की सीमा छोटी होती जा रही है। जोत की सुरक्षा और गाँव में गैर-खेती धन्धों का विस्तार किसान राजनीति का एक प्रमुख मुद्‌दा बनेगा।

बहुराष्ट्रीय कम्पनियों का विशेष आग्रह तीसरी दुनिया की कृषि और कृषि-व्यापार में पैदा हो गया है। जल, जंगल, खनिज आदि प्राकृतिक संसाधनों का दोहन करने के लिए उन्होंने कारगर टेक्नोलॉजी ईजाद की है। इस टेक्नोलॉजी को दिखाकर वे भारतीय कृषि भूमि, जंगल और जल संसाधनों का ऐसा इस्तेमाल करना चाहते हैं जिससे उनको मुनाफा मिलेगा, उनके अपने देश को धन मिलेगा और हमारे प्राकृतिक संसाधन खत्म हो जाएँगे। इन संसाधनों से जुड़े हुए समूहों का रोजगार खतरे में पड़ जाएगा। राष्ट्र के प्राकृतिक संसाधनों तथा करोड़ों परिवारों के रोजगार को सुरक्षित करने के लिए एक राजनीति

की जरूरत है। उसका पहला सूत्र यह होगा कि सारे प्राकृतिक संसाधनों पर स्थानीय आबादी की मिल्कियत मानी जानी चाहिए। स्थानीय आबादी की अनुमति के बिना कोई व्यापारिक या सरकारी संस्थान इन संसाधनों का इस्तेमाल नहीं कर सकेगा। स्थानीय आबादी का यह अधिकार संविधान में दर्ज होना चाहिए।

इस अधिकार को स्थानीय स्वायत्त संगठनों के द्वारा ही कार्यान्वित किया जा सकता है। अतः ग्रामसभा और ग्रामपंचायत को भी संवैधानिक दर्जा मिलना चाहिए और उनका चुनाव संवैधानिक नियम के अनुसार होना चाहिए। उनके आर्थिक अधिकारों और प्रशासनिक क्षमताओं का निरूपण भी संविधान में होना चाहिए। जिलापरिषद् को पंचायत नहीं मानना चाहिए क्योंकि जिला-स्तर पर जो भी निर्वाचित होगा वह कलेक्टर या विधायक की तरह शहरी हो जाएगा, ग्राम-समाज का प्रतिनिधित्व नहीं कर सकेगा।

भारत की ग्रामीण आबादी का एक फीसदी हिस्सा भी नहीं है जिसका बौद्धिक या व्यावहारिक जुड़ाव संसद या विधानसभा के साथ हो पाता है। मोटे तौर पर कहा जा सकता है कि किसी व्यक्ति की वार्षिक आय अगर 25-30 हजार की होगी तब वह विधानसभा का कुछ इस्तेमाल कर सकेगा और 50 हजार से एक लाख होगी तो संसद का उपयोग कर सकता है। ग्रामसभा या पंचायत ही वह इकाई है जिसको प्रभावित करने की बात एक सामान्य आदमी कर सकता है। निर्वाचित शासक और सामान्य आदमी का परस्पर सम्पर्क कितना सफल और सार्थक हो सकता है उसका परीक्षण तब हो पाएगा जब ग्रामसभा और पंचायत को आर्थिक सत्ता और प्रशासनिक अधिकार मिलेगा।

एक तीसरा कदम होगा योजना के ढाँचे में मौलिक परिवर्तन करना। संयोजन के लिए कुछ अंश अलग रखकर योजना के कुल खर्च को ग्रामों के बीच बाँट देना चाहिए और उसका हिसाब करके पंचायतों को आवंटित कर देना चाहिए। बँटवारे का तरीका बाद में बदला जा

सकता है। लेकिन आरम्भ में समान बँटवारा होना चाहिए। अगर एक औसत गाँव को एक पंचवर्षीय योजना में अपने विकास के लिए 5-10 लाख रुपए भी मिल जाएँगे तो उससे गाँव में गतिशीलता पैदा हो जाएगी; देहात का आदमी जिम्मेदार और सृजनशील होने लगेगा। गाँव आधुनिक सभ्य मनुष्यों का निवास स्थान बन सकेगा। नई टेक्नोलॉजी और संस्कृति गाँव से पैदा होगी। किसान आन्दोलन के लोग संघर्ष के साथ-साथ इस प्रकार के रचनात्मक कार्य करेंगे जिससे भविष्य की रूपरेखा के बारे में कल्पना करना सम्भव हो जाएगा।

भारतीय समाज की वस्तुस्थिति ऐसी है कि यहाँ आर्थिक विषमता और सामाजिक विषमता को अलग-अलग मानकर कोई क्रान्तिकारी आन्दोलन नहीं चलाया जा सकता है। जो लोग सामाजिक विषमता को महत्त्व न देकर सिर्फ आर्थिक विषमता को महत्त्व देते हैं या जो लोग इसका उल्टा करते हैं वे निश्चय ही भारतीय समाज में परिवर्तन नहीं चाहते हैं। किसान राजनीति और आन्दोलन में सामाजिक समता का कार्यक्रम अनिवार्य होना चाहिए।

किसान आन्दोलन को अपना समय चुनकर सत्ता राजनीति के विभिन्न स्तरों पर हस्तक्षेप की रणनीति बनानी होगी। व्यवस्था-परिवर्तन और सत्ता-राजनीति का यह तकाजा है कि समाज के गैर-किसान और गैर-देहाती समूहों के साथ एक गठबन्धन बनाना होगा। जिन सामाजिक समूहों का राजनीतिक और आर्थिक दृष्टिकोण अपने जैसा होगा, उन समूहों के साथ मिलकर किसान संगठन एक राजनीतिक दल बन सकते हैं। जहाँ तक पंचायती राज का सवाल है, इन संस्थाओं को स्वायत्त नहीं कहा जा सकता है क्योंकि उनके पास न आर्थिक सत्ता है, न प्रशासन की क्षमता। इसमें निर्वाचित होने का सिर्फ एक ही उपयोग हो सकता है। निर्वाचित सरपंच या मुखिया का ग्रामीण समाज में कुछ प्रभाव होता है। इस प्रभाव का इस्तेमाल अगर संगठन को मजबूत करने के लिए या रचनात्मक कार्य करने के लिए हो सकता है तो

यह एक सार्थक प्रयोग हो सकता है।

संस्कार से किसान गैर-राजनीतिक है, इसलिए राजनीति या व्यवस्था-परिवर्तन के लिए उसको तैयार करना एक क्रान्तिकारी काम है। भूमिहीन किसान और भूमिधर किसानों में जो आपसी द्वेष और सन्देह है वह सबसे बड़ी रुकावट होकर खड़ी हो जाती है। इस अन्तर्विरोध को सुलझाने के लिए दोनों हिस्सों में व्यवस्था विरोधी चेतना पैदा करनी होगी और बहुत सारे ऐसे कार्यक्रम चलाने होंगे जिनमें दोनों का हित है।

[1993]

कृषक क्रान्ति और शास्त्रों का अधूरापन*

मैं एक राजनीतिक कार्यकर्ता के नाते निम्नलिखित टिप्पणियाँ प्रस्तुत कर रहा हूँ, बुद्धिजीवी या विशेषज्ञ के रूप में नहीं। मेरा यह कतई दावा नहीं है कि आजाद हिन्दुस्तान के बुद्धिजीवियों की तुलना में राजनेताओं ने राष्ट्र की सेवा बेहतर ढंग से की है। दोनों ने देश के लोगों को गुमराह किया है और अपने कर्तव्य की अवहेलना की है। जब मैं इस तरह की निन्दा करता हूँ तो मेरी शिकायत वैचारिक समूहों और विभागों से है। अध्ययन के किसी विभाग या समूह ने जनगण के विकास के लिए कोई महत्त्वपूर्ण योगदान नहीं किया है। व्यक्तियों

* गांधी विद्या संस्थान, वाराणसी में 2-4 फरवरी, 1984 को 'आज का किसान आन्दोलन' विषय पर आयोजित परिसंवाद में प्रस्तुत आलेख।

के तौर पर कई प्रतिभाशाली लोग मिलेंगे और ढेर सारे विद्वत्तापूर्ण निबन्ध भी मिलेंगे जिनमें मौलिकता भी झलकती है। लेकिन उनकी रोशनी से राष्ट्र का मार्ग प्रशस्त नहीं होता है क्योंकि ऐसी रोशनी लगातार और सघनरूप से नहीं दीखती है। संसार की दूसरी पंक्तियों में खड़े होने लायक अनेक प्रतिभाशाली भारतीय शायद मिल जाएँगे। इसका प्रमाण खासकर वैज्ञानिकों में मिलता है। भारतीय वैज्ञानिक विदेश में जाकर अपने सामाजिक लक्ष्यों के लिए काम करनेवाले विदेशी सहयोगियों के मार्गदर्शन से नोबेल पुरस्कार स्तर को प्राप्त कर लेते हैं। अपने जनगण की विकास प्रक्रिया में उन्हें क्यों नहीं अनुरूप प्रेरणा मिलती है—यह एक जरूरी प्रश्न है। लेकिन इस सेमिनार के दायरे के बाहर है।

यहाँ पर हमारा वास्ता सामाजिक शास्त्रों से है। इस क्षेत्र में दो ही समूह उल्लेखनीय हैं : उदारवादी और मार्क्सवादी। भारत में बौद्धिक क्षेत्र में नव-मार्क्सवादी समूह नहीं हैं जो कि कम्युनिस्ट पार्टियों से स्वतंत्र होते हैं। इसलिए भारतीय मार्क्सवादी बुद्धिजीवियों को मैं कम्युनिस्ट बुद्धिजीवी कहना पसन्द करता हूँ। लेकिन अनावश्यक जटिलता से बचने के लिए मैं 'मार्क्सवादी' शब्द का ही इस्तेमाल कर रहा हूँ। कोई भी विचार अनुशासित पद्धतियों के द्वारा ही समाज को संचालित करता है—विचार पद्धतियों के द्वारा, कलाकृतियों के माध्यम से और दार्शनिक बहसों को चलाकर। समाजवादी और सर्वोदयी बौद्धिक तथा शास्त्रीय बहसों में हिस्सा नहीं ले पाते हैं। राष्ट्रीय स्वयंसेवक संघ उनसे अधिक हिस्सा लेता है। हालाँकि उसका बौद्धिक बोदापन जगजाहिर है।

इस परचे का जो विषय है वह हमारे जमाने की एक खासियत भी है : उदारवादी और मार्क्सवादी विचारों का अद्‌भुत संगम। मानव समाज के विकास और आर्थिक प्रगति के लक्ष्यों के सन्दर्भ में दोनों की गति इतनी सामंजस्यपूर्ण है कि दोनों के संयुक्त प्रभाव से औसत पढ़े-लिखे लोगों का सोचना-समझना एक जैसा हो जाता है, मानो वही

युग-विचार है। विश्व की समाचार-प्रचार व्यवस्था के साधनों पर दोनों का संयुक्त एकाधिकार होने के नाते सोच की कोई दूसरी धारा नहीं पनप पाती है। दोनों के संयुक्त प्रभाव से जो अवधारणाएँ बनती हैं, वह यथास्थिति के ही पक्ष में मस्तिष्क को तैयार करती हैं। भारत में मार्क्सवादी विचारों का आगमन उन्हीं दिनों हुआ जब पूँजीवाद के प्रभाव से आधुनिक मध्यवर्ग सबल हो रहा था और राष्ट्रीय कांग्रेस को गांधी के चंगुल से मुक्त करना चाहता था। 1914 से 1934 के भारत में (जब गांधी ने कांग्रेस के ऊपर रचनात्मक कार्यक्रम को 'थोपा' तब से लेकर कांग्रेस से गांधी के इस्तीफे तक) आर्थिक विचारों का जो प्रमुख संघर्ष था, उसमें एक तरफ गांधी के 'पुरातनवादी' विचार थे और दूसरी ओर साम्राज्यवादी, उदारवादी और मार्क्सवादी आधुनिकता के विचार थे। उदारवादी और मार्क्सवादी विचारों का संगम उन्हीं दिनों से शुरू हुआ, जब गांधी प्राक्-पूँजीवादी बुनियादों पर भारत का नव-निर्माण करना चाहते थे, और हर प्रकार का मार्क्सवादी तथा उदारवादी पूँजीवादी व्यवस्था के प्रसार का स्वागत कर रहा था। उदारवादी तथा मार्क्सवादी विचारों के संयोग से समाज और अर्थनीति सम्बन्धी किस तरह की धारणाएँ पुष्ट हुई हैं, निम्नलिखित उदाहरणों से वह स्पष्ट होगा–

1. मानव प्रगति सिर्फ आर्थिक प्रेरणाओं से संचालित होती है। (दर्शन)।
2. अंग्रेजी साम्राज्यवाद राक्षसी था, लेकिन भारत की ऐतिहासिक प्रगति के लिए वह एक वरदान था। (इतिहास)
3. पूँजीवाद और पश्चिमी संस्कृति के प्रभाव से जाति प्रथा को खतम हो जाना चाहिए था। क्या वह खतम नहीं हुई है, या हमको उसकी समाप्ति दिखाई नहीं दे रही है ? (समाजशास्त्र)
4. संसार में सांस्कृतिक भिन्नताओं को खतम करना एक स्वस्थ

धारा है जिसमें चलकर मानव समाज एकता के नजदीक पहुँच रहा है।

(संस्कृति)

5. एशिया-अफ्रीका का पूँजीवाद भी वही है जो पश्चिम यूरोप में विकसित हुआ है, अतः यहाँ की पूँजीवादी व्यवस्था के नियमों को समझने के लिए अलग शोध की जरूरत नहीं है।

(अर्थशास्त्र)

6. तकनीक का निर्माण और विकास एक स्वचालित और स्वायत्त धारा है। क्रान्तिकारी दुनिया को बदल सकता है, लेकिन तकनीक को नहीं बदल सकता है जिसकी शुरुआत उन्नीसवीं सदी के यूरोप में हुई थी।

(विज्ञान या तकनीक)

7. बहुराष्ट्रीय कम्पनी का विरोध और उसकी वस्तुओं का बढ़ता हुआ इस्तेमाल दोनों साथ-साथ चल सकते हैं।

(रणनीति)

8. ग्राम पिछड़ रहा है, पिछड़ा रहेगा। किसी भी परिवर्तन के लिए उसको शहर के पीछे-पीछे चलना पड़ेगा।

(नृतत्वशास्त्र)

9. ग्रामीण समाज के वर्ग-विभाजन को हम पारिवारिक जोतों के वर्गीकरण द्वारा निर्धारित कर सकते हैं।

(सांख्यिकी)

10. भूमिहीनों और भूस्वामी कृषकों के बीच परस्पर संघर्ष पैदा करना सुसुप्त ग्रामीण समाज को गतिशील बनाने का कार्यक्रम है।

(कार्यक्रम)

यह मानना नहीं है कि ऊपर के प्रत्येक उदाहरण में असत्य भरा हुआ है। मानना यह है कि उपरोक्त सारी मान्यताएँ अगर साथ चलती हैं तो कृषक आन्दोलन या कृषक क्रान्ति कभी सम्भव नहीं होगी। पारम्परिक गैर-पूँजीवादी समाज से सीधे समाजवादी समाज का निर्माण

(जिसको सोवियत साम्यवाद सुन्दर ढंग से 'साम्यवाद का गैर-पूँजीवादी मार्ग' कहता है, लेकिन उसका अर्थ नहीं समझता है) इस प्रकार की मान्यताओं के बल पर सम्भव नहीं होगा। जिन दिनों इन मान्यताओं का प्रसार शुरू हुआ था उन दिनों कृषक आधारित क्रान्ति एक मखौलवाली बात थी। आज जब कृषक आधारित क्रान्ति मखौल नहीं रह गई है और फैशन भी बनती जा रही है, तब इन मान्यताओं को पुनः परीक्षण के लिए भेज देना चाहिए क्योंकि हमें ऐसे सत्य चाहिए जिनमें सत्यता अधिक हो और जो सामाजिक शक्तियों तथा मानव हृदयों को संचालित कर सकें। इस परचे के लेखक में यह योग्यता नहीं है कि वह इस काम को करे। लेकिन उसमें यह धृष्टता है कि देश की बौद्धिक स्थिति के बारे में चेतावनी देना चाहता है कि यह स्थिति अंधकारपूर्ण है और गड्ढों से भरी हुई है। हमारी बौद्धिकता न देश की वस्तुस्थिति को समझा पा रही है, न परिवर्तन चाहनेवालों को मार्गदर्शन दे सकती है।

(क) कृषि क्षेत्र का सामाजिक वर्गीकरण इतना अपर्याप्त है कि पारिवारिक जोतों के वर्गीकरण को ही इसके लिए साधन माना जा रहा है। जिन दिनों हदबन्दी कानून नहीं थे, उन दिनों कृषि भूमि के केन्द्रीकरण की व्यवस्था को समझाने के लिए पारिवारिक जोतों का आँकड़ा उपयोगी होता था। अब इसकी कोई उपयोगिता नहीं रह गई है। फिर भी कोई ऐसा अध्ययन नहीं है जिसके आधार पर ग्रामीण समाज के वर्ग-विभाजन का एक विचार बन सके। भूमि के आकार का विशेष अर्थ नहीं मिलता है, जब तक निम्नलिखित पहलुओं को भी सम्मिलित नहीं किया जाता है : (1) कृषि में हो या कृषि के बाहर एक अन्य धन्धे का होना जिसकी आय कृषि से अधिक या कम हो सकती है। यह बहुत महत्त्वपूर्ण इसलिए भी है कि कृषि के साधनों पर खर्च करने की ताकत इसी से आती है। (2) सिंचाई, शिक्षा आदि का ढाँचा (इन्फ्रास्ट्रक्चर)। अर्थशास्त्री लोग अभी तक शिक्षा को आर्थिक उत्पादन के लिए जरूरी नहीं

समझते हैं। (3) आसपास के समाज की जाति-व्यवस्था। उपरोक्त पहलुओं को जोड़ने पर भी अध्ययन पूरा नहीं होगा, अगर हम ग्रामीण समाज के आय-व्यय की तुलना देश की समग्र अर्थव्यवस्था और उसके आय सम्बन्धी वर्गीकरण के साथ रखकर नहीं करेंगे।

(ख) भारत के अर्थशास्त्र में अभी तक इस बात को मान्यता नहीं मिली है कि 'खेती एक घाटे का धन्धा' है। (1) देश की दो-तिहाई से अधिक खेती के लिए सिंचाई की व्यवस्था न होने के कारण, (2) कृषकों के विरुद्ध हमेशा बाजार के संगठित रहने के कारण और (3) देश में एक दोहरी कानूनी व्यवस्था चलाने के कारण, वे सारे किसान जिनका 'दूसरा धन्धा' नहीं है घाटे का धन्धा ही करते हैं। बाजार और सरकार दोनों का संगठित शोषण (जिसको स्टॉलिन के जमाने में वैचारिक समर्थन भी मिला था) जिस तरह से भारत के कृषकों पर होता है उसके बारे में प्रभावी ढंग से आवाज उठानेवाले सिर्फ कर्नाटक, तमिलनाडु और महाराष्ट्र के हाल के कृषक आन्दोलन हैं।

दरिद्र से दरिद्रतर होना और कंगाल हो जाना मार्क्सवादी शास्त्र के अनुसार सर्वहारा वर्ग का आवश्यक गुण है और क्रान्तिकारी उफान के पहले की एक सामाजिक प्रक्रिया है। भारतीय मध्यम और छोटे किसानों पर यह प्रक्रिया बिलकुल लागू होती है। एक मध्यम या छोटे किसान परिवार को भूमिहीन मजदूर परिवार होने के लिए तीन पीढ़ी से ज्यादा समय की जरूरत नहीं है। शहर के पढ़े-लिखे लोग, यहाँ तक कि समाजशास्त्री और अर्थशास्त्री भी समझेंगे कि यह एक सीमान्त घटना या अपवाद हो सकती है। लेकिन भारत के अधिकांश भागों में यह एक केन्द्रीय अर्थनीतिक सत्य है। समाजशास्त्र और अर्थशास्त्र के अध्ययन के लिए यह एक आकर्षक विषय होना चाहिए—लेकिन इसको छोड़ा गया है। राजनीतिक विचारधारा का विश्लेषण करनेवाले इस बात को नहीं लेते हैं। नेताओं की भाषणबाजी में यह बात आती है कि गरीब अधिक गरीब हो रहा है, लेकिन भाषण करनेवाला खुद

नहीं जानता है कि यह कहाँ हो रहा है। बैंकों के राष्ट्रीयकरण के बाद अर्थशास्त्र के लिए ग्रामीण ऋणग्रस्तता भी ज्वलन्त विषय नहीं रह गया है। अर्थशास्त्र ने अपनी इच्छाओं की एक दुनिया बनाई है। नए तथ्यों का अध्ययन होगा तो बने-बनाए विचार खतरे में पड़ सकते हैं।

लगातार बढ़नेवाली गरीबी की इस प्रक्रिया को अगर ग्रामीण समाज की एक मुख्यधारा माना जाएगा तो मध्यम और छोटे किसान और भूमिहीन और भूस्वामी का विभाजन निरर्थक होने लगता है। जिन इलाकों में सिंचाई, शिक्षा आदि की अच्छी-खासी व्यवस्था के साथ-साथ 'दूसरे धन्धे' की भी सुविधा है, वहाँ इसकी सार्थकता होगी, लेकिन ऐसे इलाके कितने हैं ? महन्तों, जमींदारों और बागानों के इलाके में भूमिहीनों और भूस्वामी के विभाजन की सार्थकता है। लेकिन जब से पश्चिम बंगाल और केरल में वामपंथी सरकार बनने लगी है तब से बागानों के खिलाफ बहुत कम बातें उठती हैं और उन पर हदबन्दी लागू करने की बात भी नहीं उठती है। बिहार में जो नक्सली आन्दोलन वर्गसंघर्ष के नाम पर चलते हैं उनके बारे में कुछ वामपंथी अर्थशास्त्री भी कह चुके हैं कि उनमें सामाजिक टकराव का अंश आर्थिक संघर्ष से बहुत अधिक है। इस वजह से उनका राजनीतिक परिणाम आशानुरूप नहीं होता है। अगर सामाजिक संघर्ष को स्वीकार करते हुए आन्दोलन की रणनीति बनती तो परिणाम दूसरा होता।

(ग) यह सही नहीं है कि भारत के अर्थशास्त्री और समाजशास्त्री 'आन्तरिक उपनिवेश' की सत्यता को बिलकुल नहीं समझते हैं। किसी-किसी ने रोजा लुक्जेमबर्ग या जॉन राबिनसन के प्रभाव में आकर ऐसी बातों पर विद्वत्तापूर्ण लेख भी लिखे होंगे। लेकिन इस सम्बन्ध में जो निष्कर्ष निकल चुके हैं, उसको ज्ञान का साधन मानकर उसके द्वारा देश की स्थिति को समझने और समझाने की कोशिश नहीं होती है। भारत के कुछ अति पिछड़े इलाकों के मनुष्य और समाज के साथ उस इलाके के भारी औद्योगिकीकरण के बाद क्या-क्या हुआ है, इस

पर क्षेत्रीय अनुसन्धान हुए हैं। लेकिन उनके निष्कर्ष को विचारधारा में शामिल करने का कोई प्रयास अभी तक नहीं हुआ है क्योंकि उससे बने-बनाए विचार बिगड़ जाएँगे।

(घ) जो लोग पूँजीवाद के विरुद्ध संग्राम करना चाहते हैं उनको रणनीति के हिसाब से एक आधारभूमि चाहिए। आधार केवल भौगोलिक नहीं होता है, मानसिक और भावात्मक भी होता है। ग्राम और पारिवारिक समाज के कुछ पहलू यहाँ तक कि ग्रामीण मानसिकता में क्रान्तिकारी आधारभूमि बनाने की सम्भावना भरी हुई है। अगर ग्रामीण समाज में मामूली एकता है तो उसका प्रकांड प्रसार एक बढ़िया भौगोलिक आधार बन सकता है—इसका प्रदर्शन अभी चल रहे कर्नाटक के कृषकों के 'रेल रोको' आन्दोलन से स्पष्ट होता है। राष्ट्रीयता की भावना, पारम्परिक मानस की कुछ बातें, धर्म की कुछ धाराएँ—इनका कौशलपूर्ण इस्तेमाल क्रान्ति के लिए (कृषक क्रान्ति के लिए) कितना सहायक या निर्णायक हो सकता है उसके बारे में एरिक उल्फ के अध्ययन से कुछ वामपंथी विचारकों के मन में भी एक आंशिक विश्वास पैदा हुआ है। अगर एरिक उल्फ और हाजमा आलवी के निष्कर्षों पर मार्क्सवादी विचारकों का विश्वास जम रहा है तो हम हिम्मत के साथ इस प्रश्न को भी उठा सकते हैं : सारी बातों को बिना सोचे-समझे जो लोग ग्रामीण क्षेत्र में सिर्फ वर्ग-संघर्ष पैदा करने और ग्रामीण समाज को तोड़ने में लगे हुए हैं, क्या उनके कार्य-कलापों से अन्ततोगत्वा एकाधिकारी पूँजीवाद का हित-साधन नहीं होगा, जो बाजार चाहता है और जिसे कमजोर ग्रामीण समाज चाहिए।

[1984]

क्या किसान आन्दोलन मजदूर-विरोधी होगा ?

जब से किसान आन्दोलन का पर्व चला है, दो प्रकार के लोग एक प्रश्न उठा रहे हैं, जो नहीं चाहते हैं कि गरीबों का किसी भी प्रकार का आन्दोलन हो। खेतिहर मजदूरों के आन्दोलन पर ये लोग हिंसा का आरोप लगाते हैं। वैसे लोग कह रहे हैं कि किसान आन्दोलन धनी किसानों का आन्दोलन है, इसलिए प्रतिगामी है। इनमें इन्दिरा गांधी, एम.जी. रामचन्द्रन, बड़े-बड़े सरकारी अफसर तथा पूँजीपतियों के प्रवक्ता लोग हैं।

दूसरे वे लोग हैं जो ग्रामीण मजदूरों के बीच, सीमान्त किसानों के बीच काम कर रहे हैं, गरीबों का वर्ग-संघर्ष चाहते हैं, भूमिव्यवस्था

में आमूल परिवर्तन चाहते हैं। वैसे लोग भी किसान आन्दोलन को सन्देह की दृष्टि से देख रहे हैं।

प्रथम श्रेणी के लोगों का जवाब नहीं दिया जा सकता है, उनसे सिर्फ एक प्रश्न किया जा सकता है–छोटे किसानों और भूमिहीनों के संघर्ष को तेज और सफल बनाने के लिए आपने क्या किया है ? क्यों आपने भूमिहदबन्दी कानूनों को कारगर ढंग से लागू नहीं किया है, ताकि बड़े किसानों का वंश लुप्त हो जाए ? अगर इस प्रश्न का सन्तोषजनक उत्तर उनसे नहीं मिलता है तो समझना होगा कि उनके घड़ियाली आँसू केवल ग्रामीण जागरण के विरुद्ध एक षड्यन्त्र हैं।

दूसरे प्रकार के सवाल को गहराई से समझकर ही उत्तर दिया जा सकता है। अन्तिम ढंग से हम यहाँ उत्तर नहीं देंगे। प्रश्न को समझने के लिए और समाधान की दिशा में अग्रसर होने के लिए हमें कई नए प्रश्न उठाने होंगे। (क) **क्या किसान एक शोषित तबका है** ? उसके प्रति लगातार अन्याय हो रहा है ? वह गरीब है ? अपनी मेहनत के अनुपात में उसको फल नहीं मिलता है ? अगर ऐसा है तो आन्दोलन करने का सिर्फ अधिकार ही उसको नहीं है, बल्कि गांधीजी के शब्द में असहयोग करना उसका कर्तव्य है।

(ख) **क्या एक शोषित तबके के आन्दोलन से दूसरे शोषित तबके का नुकसान होगा** ? अगर होगा तो ऐसी स्थिति में क्या करना होगा ? क्या हम उनमें से एक तबके को कहेंगे कि तुम्हारी स्थिति मामूली-सी बेहतर है, इसलिए तुम न लड़ो ? या दोनों शोषित तबकों के आन्दोलनों को इस तरह जोड़ने की कोशिश करेंगे ताकि दोनों का सामान्य दुश्मन कमजोर हो ? यहाँ यह भी सवाल उठता है, क्या भूमिहीन मजदूर और किसानों के शोषण का स्रोत एक है या अलग-अलग है। अलग-अलग है तो क्या रणनीति चाहिए, एक हो तो क्या रणनीति चाहिए ?

(ग) क्या यह कहना सही है कि किसान जब संघर्ष करता है तो

मजदूरों पर आफत आती है ? यह देखा गया है कि मजदूरों के आन्दोलन का विरोध किसान करता है, इसलिए समझा जाता है कि किसान आन्दोलन का भी मजदूर विरोध करेगा। यह भी देखा गया है कि जमींदार या पुलिस, मजदूरों को या हरिजनों को दबाने के लिए किसानों की मदद लेते हैं। इसी अनुभव से आशंका पैदा होती है कि अगर आन्दोलनकारी किसान संगठित हो जाता है तो उसका मजदूर-विरोध अधिक मजबूत हो जाएगा। इस तर्क में बहुत बड़ी कमजोरियाँ हैं। बेरोजगार नौजवान पुलिस से साँठगाँठ करते हैं, वे लड़कियों को छेड़ते हैं। अगर वे बेरोजगारी के खिलाफ आन्दोलन करेंगे तो क्या लड़कियों पर ज्यादा आफत आएगी ? आज किसान हरिजनों, मजदूरों को दबाकर रखने के लिए पुलिस और सरकार का सहयोग लेता है; अगर वह पुलिस, सरकार और व्यवस्था के खिलाफ संघर्ष करेगा तो क्या हरिजनों, मजदूरों को अधिक दबाएगा ? क्या उसके संघर्ष के कारण मजदूरी घट जाएगी ? संघर्ष करनेवाले किसान की संवेदना सर्वहारा मनुष्य की स्थिति के बारे में संवेदनशील होगी या संकुचित होगी ? व्यवस्था और सरकार के अत्याचार को सह जानेवाला किसान और अत्याचार के सामने खड़ा होनेवाला किसान—दोनों में से कौन अधिक उदार और मानवीय होगा ?

जब तक इन तमाम बातों पर सारी समझ नहीं बना लेते हैं तब तक हमें यह कहने का अधिकार नहीं है कि किसान आन्दोलन प्रतिगामी है और उससे मजदूरों को स्थायी नुकसान होगा। पिछले अंक में हमने सात प्रकार के विद्रोहों की चरचा की थी। *जब समाज का कोई हिस्सा अपने आप (किसी राजनीतिक दल के प्रयास के बिना और कम चेष्टा में) विद्रोह करता है, ऐसा आन्दोलन प्रबल रूप धारण करता है, तो उससे यह उम्मीद नहीं की जा सकती कि वह अपने आप क्रान्तिकारी दिशा पकड़ लेगा।* ऐसे विद्रोह का नेतृत्व स्वाभाविक ढंग से उस वर्ग के सम्पन्न लोगों के हाथ में होगा जो अक्सर यथास्थिति में ही अपना कल्याण ढूँढ़ते हैं। उनकी

पहली इच्छा होती है कि प्रचलित ढाँचे में ही उनको कुछ मिल जाए। इस पहली इच्छा को अगर पार नहीं किया जाएगा तो किसान आन्दोलन सिर्फ कर्ज की माफी माँगनेवाला, कुछ छूट माँगनेवाला, कुछ दाम बढ़ानेवाला आन्दोलन होकर रह जाएगा। अगर किसान आन्दोलन लम्बे समय तक चलनेवाला है तो इस पहली स्थिति को वह पार कर जाएगा और ये 'माफी' और 'छूट' की माँगें गौण हो जाएँगी और असली टकराव इस बात पर होगा कि व्यापारी और पूँजीपति को जो सुविधाएँ मिलती हैं वे किसान को मिलें या दोनों पर एक ही प्रकार का नियम-कानून लागू हो। अगर यह माँग किसानों के दिमाग में बैठ जाएगी तो यह आन्दोलन पूरी पूँजीवादी व्यवस्था के लिए खतरा बन जाएगा। भारत जैसे मुल्क में किसान और पूँजीपति की कानूनी बराबरी पूँजीवादी व्यवस्था के खिलाफ साबित होगी, क्योंकि पूँजीपतियों के लिए किसान एक ऐसा विशाल समुदाय है जो उसके लिए कच्चा माल पैदा कर सस्ते में देता है और औद्योगिक चीजों को बहुत ज्यादा दाम में खरीद लेता है। इस रिश्ते को पक्का बनाने के लिए और अधिक मुनाफेवाला बनाने के लिए पूँजीपति सरकार को अपने हाथ में रखता है, बड़े किसानों को अपने हाथ में रखता है और गाँव के विधायकों, संसद सदस्यों को राजधानी में पहुँचते ही खरीद लेता है। यानी भारतीय पूँजीवाद के लिए मुनाफे का सबसे बड़ा आधार (एकमात्र आधार ?) गाँव और किसान है। उत्पादक और खरीदार के नाते यह समूह जब व्यापारी और पूँजीपति से बराबरी की माँग करेगा तो भारतीय पूँजीवाद शायद चरमरा जाएगा।

जिस अनुपात में पूँजी से श्रम खरीदा जाता है उस अनुपात में पाँच एकड़ का किसान भी एक शोषक है। कारण, वह शोषक व्यवस्था के अन्दर एक छोटी पूँजी का मालिक है। अगर बड़ी पूँजीवाले न होते तो छोटी पूँजी शोषण का स्रोत न बनती। भूमिव्यवस्था में बड़ी जोतें न होंगी तो किसान एक शोषक वर्ग भी नहीं बनेगा। लेकिन यह एक

वास्तविकता है कि बड़ा भूमिपति छोटे किसान का नेतृत्व कर रहा है। जब एक राजनीतिक दल आन्दोलन शुरू करेगा तो हम उसके वर्गचरित्र पर टीका कर सकते हैं। हम खुद जब शुरू करेंगे तो छानबीन कर उसका नेतृत्व सामान्य किसान पर लादने की कोशिश करेंगे। लेकिन जब राजनीतिक दलों से स्वतंत्र होकर, स्वयंस्फूर्त और असंगठित रूप में किसान आन्दोलन उबल पड़ा है तो उसका नेतृत्व हम कैसे चुनेंगे ? हम तब चुन सकेंगे जब हम उसके अंग बन जाएँगे। यहाँ हमें तय करना पड़ेगा कि (1) क्या हम इसकी निन्दा करें या निरर्थक मानकर मौन रहें ? (2) क्या हम इसको क्रान्तिकारी मानें, इसके पीछे-पीछे चलें और इसकी हर बात को सही घोषित करें या (3) इसकी सम्भावनाओं को समझकर इसके अन्दर के सामान्यजनों से मिल जाएँ और अन्दर से इसको क्रान्तिकारी चरित्र प्रदान करें ?

स्वयंस्फूर्त विद्रोहों का राजनीतिकरण या क्रान्तिकरण जानबूझकर करना पड़ता है। ऐसा नहीं होगा तो पीड़ितों के असंगठित आक्रोश और असन्तोष का इस्तेमाल प्रतिक्रान्ति और तानाशाही के लिए भी हो सकता है। 1971 से 1975 तक का समय ऐसा था जब तानाशाही के समर्थकों ने भूमिहीन मजदूरों के विद्रोह का राजनीतिक इस्तेमाल किया। स्वयंस्फूर्त विद्रोह के बारे में हम उदासीन हो सकते हैं लेकिन वे इसका इस्तेमाल अपने ढंग से करेंगे। पूँजीपति और नौकरशाह मिलकर दिल्ली और बम्बई में एक राजनीति बना रहे हैं कि किस हद तक किसान आन्दोलन को दबाना होगा और किन पहलुओं को अपने उपयोग में लेना होगा। शायद उनकी रणनीति में यह भी होगा कि किसान आन्दोलन पर राजनीतिक दलों का कब्जा हो जाए। पहले से ही राजनीतिक दलों पर उद्योगों का और नौकरशाहों का नियंत्रण है, तो इन राजनीतिक दलों के माध्यम से वे किसान आन्दोलन को एवं उसके धनी नेतृत्व को अपने कब्जे में कर सकते हैं।

[1981]

क्रान्ति के लिए साझेदारी का सवाल

गत 11 से 14 मार्च 1989 तक भुवनेश्वर में जनआन्दोलन करनेवाले छह निर्दलीय संगठनों के शिविर में एक महत्त्वपूर्ण संवाद हुआ। बहस का मुख्य मुद्दा था किसान आन्दोलन और कृषि मजदूरों के आन्दोलन के बीच अन्तरविरोध का ह्रास और समाधान कैसे हो ? दोनों आन्दोलनों के प्रतिनिधि बहस कर रहे थे। उन्होंने तय किया कि भुवनेश्वर संवाद के सारांश को व्यापक बहस के लिए प्रसारित किया जाएगा। इस तरह से यह एक राष्ट्रीय बहस होगी।

समाजवादी और साम्यवादी आन्दोलनों की शुरुआत मजदूर संगठनों से हुई थी। मजदूरों का मतलब कारखानों का मजदूर ही था। समाजवादियों और साम्यवादियों के लिए किसानों और गाँवों

की समस्याएँ तुच्छ थीं। लेकिन जैसे-जैसे वामपंथी आन्दोलन की व्यापक रणनीति बनने लगी और एक ही राष्ट्र के अन्दर क्रान्ति करने का लक्ष्य बनने लगा, गाँवों तथा किसानों का सहयोग जरूरी प्रतीत होने लगा। हालाँकि मूल शास्त्र में किसानों के प्रति तिरस्कार जाहिर किया गया है, परन्तु क्रान्ति की रणनीति में उनके बगैर काम चलता नहीं है सो किसानों का सवाल एक पेचीदा सवाल के रूप में निरन्तर बना रहा। रूढ़िवादी और लफ्फाज वामपंथियों के लिए अभी भी किसानों की समस्या नगण्य या गौण है। लेकिन रूस और चीन में जहाँ क्रान्ति की सफल रणनीतियाँ बनाई गई थीं, किसानों और गाँवों को फैक्टरी मजदूरों के बराबर का महत्त्व दिया गया था। लेनिन और माओ अपने सैद्धान्तिक वक्तव्यों में फैक्टरी मजदूर को ही क्रान्तिकारी शक्ति मानते रहे, लेकिन व्यवहार और रणनीति में किसानों को भी साथ लेकर चलते रहे। अपने व्यवहार की कसौटी पर अपने सिद्धान्तों या तात्विक विचारों के परीक्षण और संशोधन का वैज्ञानिक काम अलबत्ता उन्होंने नहीं किया। उनकी इस गलती के कारण उनके अनुयायी विचार और व्यवहार दोनों में दिग्भ्रमित होते रहते हैं। मौलिक विचारशक्ति के अभाव में वे सोच नहीं पाते कि अपने पैगम्बर की किन बातों और कार्यों का वे अनुकरण करें। मौलिक विचारक्षमता के अभाव में वे अपने शास्त्र पर पुनर्विचार नहीं कर पाते, फलस्वरूप वे ऐतिहासिक अनुभवों और अपने प्रत्यक्ष अनुभवों से पलायन करते हैं। रूस और चीन के ऐतिहासिक अनुभवों के बावजूद वे किसानों और गाँवों के विद्रोह को अनदेखा करने की कोशिश करते हैं। वे अपनी ओर से कभी इस बात का जिक्र नहीं करते कि लेनिन और माओ को अपनी पार्टी के अन्दर इस मुद्‌दे पर वैचारिक संघर्ष चलाना पड़ा था। सन् 1905 के पहले रूसी कम्युनिस्टों की राय थी कि गाँवों में जाना समय गँवाना है। लेकिन 1905 के आन्दोलन के बाद लेनिन की रणनीति में किसानों का महत्त्व बढ़ने लगा था। सन् 1917 की क्रान्ति के तत्काल बाद की संकटमय परिस्थिति (1918 के पार्टी

कांग्रेस) में लेनिन ने इस बात की जोरदार पैरवी की थी कि साम्राज्यवाद के खिलाफ लड़ने और समाजवाद के निर्माण के लिए मध्यम किसानों के साथ गठबन्धन अपरिहार्य है। लेनिन के इस प्रतिपादन के आधार पर कांग्रेस ने प्रस्ताव भी पारित किया। इसी तरह माओ की कृषक आधारित और 'धनी किसानों से सहयोग' की रणनीति चीन में निर्णायक साबित हुई। क्रान्ति सफल होने के बाद स्तालिन और माओ ने क्या किया, यह अब किसी से छिपा नहीं है। लेकिन क्रान्ति को सफल बनाने के लिए किसानों-मजदूरों की साझेदारी इतिहास का एक ध्रुव तथ्य और सत्य है।

'कारखानों का मजदूर अपनी अकेली ताकत से क्रान्ति करेगा' इस प्रकार का प्रतिपादन मार्क्स और एंगेल्स का हवाला देकर किया जा सकता है। लेकिन ग्रामीण भूमिहीन मजदूरों की अकेली ताकत पर कोई साम्यवादी क्रान्ति हो सकती है, इसका दावा किसी भी वामपंथी शास्त्र में निहित नहीं है। इसलिए भारत के करखनियाँ मजदूर संगठनों (ट्रेड यूनियनों) की क्रान्तिकारी भूमिका के बारे में जिनके मन में सन्देह है, उनके लिए यह अनिवार्य हो जाता है कि वे भूमिहीनों के साथ-साथ दूसरे ग्रामीण तबकों की पूँजीवाद विरोधी शक्ति का सहयोग ढूँढ़ें। भूमिहीन मजदूर निश्चित तौर पर देश की अर्थव्यवस्था में दरिद्रतम तबका है। लेकिन उसी के साथ यह भी निश्चित तौर पर कहा जा सकता है कि किसानों की आर्थिक हालत करखनियाँ मजदूर वर्ग की तुलना में गिरती जा रही है—सारे देश में दरिद्रता की ओर तथा देश के अधिकांश भागों में कंगाली की ओर उन्हें ढकेला जा रहा है। इसलिए उनकी चेतना में पूँजीवाद विरोधी भावनाएँ जगाना जितना आसान है उतना किसी और तबके में नहीं।

जो लोग मजदूरों को संगठित करते हैं वे किसान संगठनों की क्रान्तिकारी भूमिका के बारे में सचेत नहीं होते। इसके पीछे दो कारण हैं। पहला यह कि उनका मानस ट्रेड यूनियन का होता है, क्रान्ति का नहीं। उन लोगों ने अभी तक ऐसी कोई फेहरिस्त नहीं बनाई है कि मौजूदा पूँजीवादी-साम्राज्यवादी व्यवस्था को कमजोर

करने और तोड़ने के लिए किन तबकों का क्रान्तिकारी सहयोग चाहिए।

दूसरा यह कि क्रान्तिकारी परिवर्तन के फलस्वरूप जो नई सामाजिक-आर्थिक व्यवस्था पहले चरण में होगी उसकी तस्वीर अभी तक नहीं बनाई गई है। मौलिक परिवर्तन के प्रथम चरण में गाँव की व्यवस्था क्या होगी ? औद्योगिकीकरण किस प्रकार का होगा ? उत्पादन की तकनीक कैसी होगी ? इन प्रश्नों के उत्तर में भी कृषक और भूमिहीनों का सम्बन्ध निहित है। अगर गाँवों का नवनिर्माण करना है और उनका औद्योगिकीकरण भी होना है तो कृषक और भूमिहीनों के सम्बन्ध में मौलिक परिवर्तन आ जाएगा।

ऐसे कम्युनिस्टों के विचार में जो रूस को या स्तालिनवाद को आदर्श मानते हैं, गाँव के नवनिर्माण की कोई तस्वीर या दलील नहीं होती है। गाँव के औद्योगिकीकरण की कोई बात उनके विचार में नहीं होती। कृषकों, भूमिहीनों, गाँवों की नई व्यवस्था की कोई सन्तुलित रूपरेखा वे नहीं दे पाते हैं। रूसी क्रान्ति के सत्तर साल बाद भी गाँवों के पिछड़ेपन का कोई समाधान बता पाने में साम्यवादी असमर्थ रहे।

जो लोग किसानों, भूमिहीनों या दलितों को संगठित कर रहे हैं उनके लिए यह एक चुनौती है कि इन दो सवालों का जवाब दें और ट्रेड यूनियनवाद से ऊपर उठें। लेनिन और माओ ट्रेड यूनियनवाद (इकोनामिज्म) के घोर विरोधी थे, तभी वे मजदूर और किसानों का सहयोग बना पाए।

इस वक्त देश में किसानों के जितने भी बड़े-बड़े संगठन हैं वे सबके सब ट्रेड यूनियन के ढाँचे में अपना आन्दोलन चला रहे हैं। जब वे सम्पूर्ण भारत के ग्रामांचल के नवनिर्माण की बात सोचेंगे या पूरे देश का नवनिर्माण करना चाहेंगे, जब वे शिक्षा नीति और उद्योग नीति के बारे में भी अपना विकल्प देने की कोशिश करेंगे तब मजदूरों के बारे में भी अधिक सकारात्मक रुख अपना सकेंगे। 1980 के दशक के किसान नेता टिकैत का यह कहना कि 'मजदूर' शब्द अपमानजनक

है, बहुत अर्थपूर्ण है, हालाँकि टिकैत ने खुद इस वक्तव्य की कोई व्याख्या नहीं की; शायद उन्होंने अपमानजनक इसीलिए कहा होगा कि यह 'मालिक' शब्द के विपरीत अर्थ का पर्यायवाची है।

किसानों और मजदूरों दोनों के ट्रेड यूनियनवाद के कारण दोनों के बीच क्रान्तिकारी सहयोग बाधित होता है। ट्रेड यूनियनवाद को तोड़ने का मतलब है सारी पूँजीवाद विरोधी ताकतों को एकत्रित तथा समन्वित करना, परिवर्तन की व्यापक धारा का निर्माण करना। सफल क्रान्ति की परिस्थितियाँ तब बनती हैं जब देश के दरिद्रतम तबकों और निम्न मध्यम वर्ग को कोई एक समान दुश्मन दिखाई देता है, मुक्ति का पथ भी एक ही दिखाई देता है। चेतना और भावनाओं के स्तर पर जोड़ने का काम बुद्धिजीवी समूह का होता है। इसलिए यह जरूरी है कि बुद्धिजीवियों का एक समूह समाज के प्रचलित मूल्यों और अर्थनीति के खिलाफ विद्रोह करे। समाज में हो रहे प्रमुख विद्रोहों को संयोजित कर कुछ समान बिन्दुओं की दिशा में किसानों और मजदूरों को ले जाना वामपंथी नेतृत्व और सचेतन बुद्धिजीवियों का काम होता है। भारत का वामपंथी नेतृत्व और बौद्धिक समूह दूरदृष्टिविहीन और कल्पनाशक्तिविहीन है। इसलिए देश में चल रहे जन- आन्दोलनों की दिशा एक जैसी नहीं बन पाती। जन-आन्दोलनों को ट्रेड यूनियनवाद के ऊपर उठाने की कोई कोशिश न नेताओं की दिखाई पड़ती है, न बुद्धिजीवियों की।

जब से देश में किसान आन्दोलन ने जोर पकड़ा तब से किसानों के मानस में यह बात जमती जा रही है कि खेत मजदूरों की मजूरी घटाकर किसान अपनी आर्थिक हालत को सुधार नहीं सकते। उनके (किसानों के) शोषक शहर के पूँजीपति और नौकरशाह हैं। मजदूरों के प्रति विद्वेष का सबसे बड़ा कारण इस वक्त न्यूनतम मजदूरी की माँग नहीं बल्कि जाति-प्रथा है। अधिकांश भारत में दलित जातियाँ भूमिहीन हैं और मध्यम जातियाँ कृषक हैं। जाति-विनाश के किसी जीवन्त आन्दोलन का न होना किसानों और भूमिहीनों की एकता में सबसे बड़ा बाधक सिद्ध होगा। कर्नाटक दलित संघर्ष समिति के

प्रवक्ता श्री वेंकटेश ने इस बात को बहुत मार्मिक ढंग से रखा। उन्होंने पूछा, "जब हरिजनों पर अत्याचार होता है, दलितों को यातनाएँ मिलती हैं तब किसान संगठन के लोग क्यों नहीं इसका तीव्रता से प्रतिरोध करते हैं ?" किसान संगठन जब तक ट्रेड यूनियन बना रहेगा तब तक उससे इसकी आशा नहीं की जा सकती। शिक्षकों की वेतन-वृद्धि के लिए या खेतिहर मजदूर को पेंशन दिलाने के लिए करखनियाँ मजदूर कभी नहीं लड़ता है क्योंकि वह ट्रेड यूनियनवाद का शिकार है। किसान और भूमिहीन दोनों मिलकर जब जाति-प्रथा और पूँजीवाद के खिलाफ संयुक्त संघर्ष करेंगे तब जाकर श्री वेंकटेश की उम्मीद पूरी होगी। जाति-विनाश का कार्यक्रम चलाना प्रत्येक प्रगतिशील संगठन को अपना अनिवार्य काम मानना चाहिए।

छात्र युवा संघर्ष वाहिनी के प्रवक्ता श्री प्रियदर्शी का एक महत्त्वपूर्ण प्रतिपादन है कि किसान आन्दोलन कई दशकों से चल रहे खेत मजदूर आन्दोलन का ही एक विस्तार है। इस प्रतिपादन को हम तब समझ पाएँगे जब आजादी के पहले से चल रहे खेत मजदूरों और भूमिहीनों के आन्दोलन को ग्रामीण समस्या के आन्दोलन के रूप में देखें। उन दिनों जमींदार और बड़े भूमिपति ग्रामीण जनता के मुख्य शोषक थे इसलिए ग्रामीण जनता की मुक्ति के लिए उनके खिलाफ संघर्ष छेड़ना वामपंथी आन्दोलन का एक मुख्य मुद्दा था। जमींदारों और भूमिपतियों की कानूनी समाप्ति के बाद गाँवों के शोषण के केन्द्रबिन्दु बदल गए हैं। उनके खिलाफ लड़ने के लिए किसानों को भी बड़े पैमाने पर संगठित करने की जरूरत बढ़ती गई है। इस रूप में अगर हम किसान आन्दोलन को देखें तो भूमिहीन आन्दोलन के एक विस्तार के रूप में उसे समझ सकते हैं। इस समझदारी के बाद किसान-मजदूर अन्तर्विरोध का समाधान सहज लगता है।

[1989]

एक अनुरोध

किशन पटनायक एक चिन्तक होने के साथ मैदानी कर्मी भी थे। अपने विचारों को मूर्त रूप देने तथा जमीन पर उतारने के लिए वे सदा सक्रिय और चिन्तित रहते थे। किसान आन्दोलन सम्बन्धी उनके विचारों को एक जगह एकत्रित करके पुस्तक रूप देने का उद्देश्य भी यह है कि इन पर बुद्धिजीवी और आन्दोलनकर्ता दोनों विचार करें, बहस चले तथा किसान आन्दोलन एक क्रान्तिकारी दिशा में आगे बढ़े।

इस पुस्तक को पढ़ने के बाद आपके मन में कुछ प्रश्न हों, विचार हों, कुछ करने की इच्छा हो, तो कृपया हमसे जरूर संवाद करें। निम्न पतों पर आप सम्पर्क कर सकते हैं :

1. सुनील : समाजवादी जन परिषद्, ग्राम/पोस्ट : केसला, जिला होशंगाबाद (म.प्र.) 461111, फोन : 09425040452
2. लिंगराज : ओडिशा राज्य कृषक संगठन, समता भवन, बरगढ़, (ओडिशा), 768028, फोन : 09437056029
3. शिवाजी गायकवाड़ : समता भवन, अकोले नाका, संगमनेर, जिला : अहमदनगर (महाराष्ट्र) 422605, फोन : 02425-223088
4. शिवपूजन सिंह : समाजवादी जन परिषद्, ग्राम/पोस्ट : कोचस, जिला : रोहतास (बिहार)

●●●